河出文庫

ローカルバスの終点へ

宮脇俊三

ローカルバスの終点へ

◉

目次

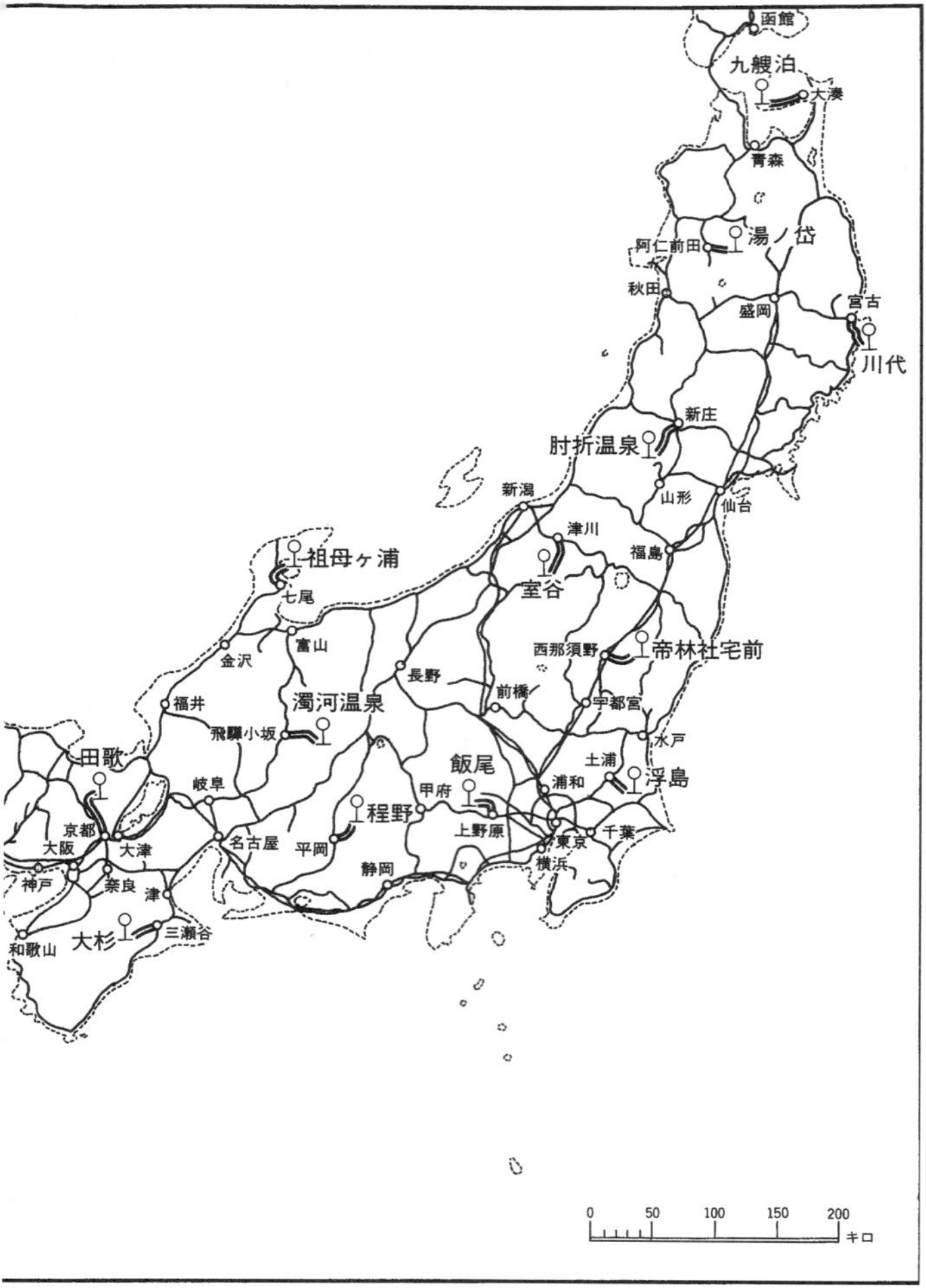

函館
九艘泊
大湊
青森
湯ノ岱
阿仁前田
秋田
盛岡
宮古
川代
新庄
肘折温泉
山形
仙台
新潟
津川
福島
室谷
祖母ヶ浦
七尾
富山
金沢
西那須野
帝林社宅前
長野
前橋
宇都宮
濁河温泉
福井
飛騨小坂
水戸
田歌
土浦
浮島
飯尾
岐阜
浦和
甲府
程野
京都
大阪
大津
名古屋
平岡
上野原
東京
千葉
横浜
神戸
奈良
静岡
津
大杉
三瀬谷
和歌山
0
50
100
150
200
キロ

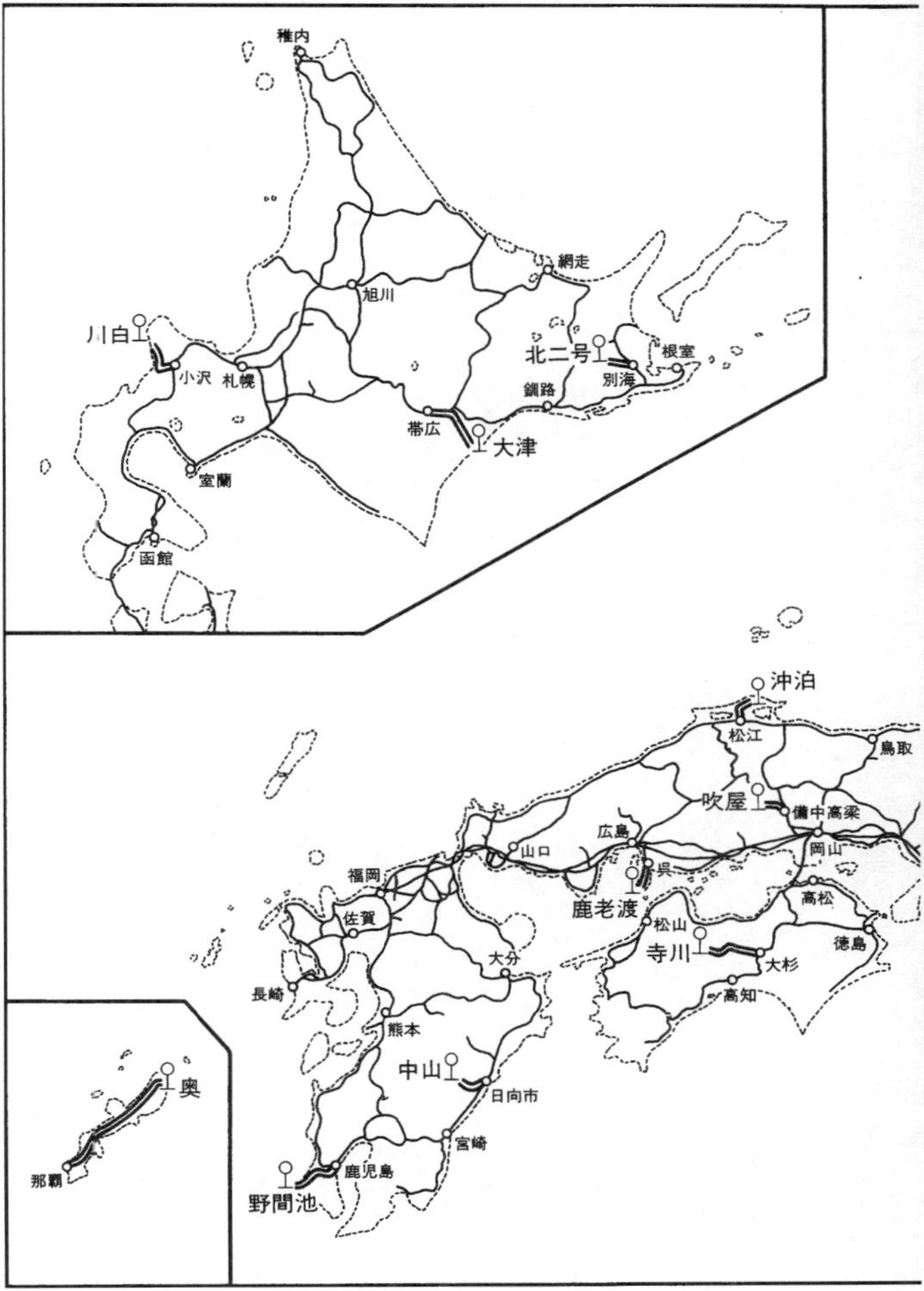
稚内
網走
旭川
川白
北二号
根室
小沢
札幌
別海
釧路
帯広
大津
室蘭
函館
沖泊
松江
鳥取
吹屋
備中高梁
広島
山口
岡山
福岡
呉
鹿老渡
高松
佐賀
松山
徳島
寺川
大分
大杉
長崎
高知
熊本
中山
日向市
宮崎
鹿児島
野間池
奥
那覇

ローカルバスの終点へ

川《かわ》白《しら》（北海道古宇《ふるう》郡神恵《かもえ》内《ない》村）

鉄道に乗るのが好きで、旅といえば、もっぱら鉄道を愛用してきたけれど、山奥の集落や岬《みさき》の果ての漁村まで通じる鉄道は少ない。たいていは、その手前の町で終着となってしまう。鉄道を敷くには一定の輸送需要が前提となるし、急勾配《こうばい》や急カーブは不可という限界もあるから、やむをえないことだろう。

それにくらべると、バスは小回りがきく。鉄道の通じない山峡に分け入り、あるいは海を見下ろす断崖《だんがい》の道を曲りくねりながら、わずかな戸数の漁村まで行き、鉄道や幹線バスの及ばない地域への交通を補完している。

鉄道の終着駅で折り返すとき、あるいはローカル線の途中駅で、そうしたバスが客を待っているのを長年にわたり横目で見てきた。

乗ってみたこともある。行くほどに客が降りて、終点に着くときは私一人ということもあり、ローカル鉄道に似通うものであったが、終点の風情《ふぜい》は鉄道よりも一段と鄙《ひな》びていた。心を惹《ひ》かれた。

それで、鉄道も通わぬ僻地《へきち》のバスに乗るという旅を、これからしばらく、させていただこうと思う。そんなバス旅行にふさわしい一人旅で。

どこから始めてもよいのだが、一回目は北海道の積丹《しやこたん》半島西岸の「川白《かわしら》」へ行くバスに乗ってみることにした。

川白行のバスは岩内《いわない》から発車する。岩内は積丹半島の西側の基部にある港町で、函館《はこだて》本線の小沢《こざわ》との間に国鉄岩内線が通じていたが、昭和六〇年の六月限りで廃線になってしまった。その岩内線の跡を見たいという気持もあって、川白へのバスを選んだのであった。

川白はカワシラと訓《よ》む。現地に着いてから知ったのだが、アイヌ語のカパラシララ（薄い岩の意）を縮めて漢字を当てたのである。二万五千分の一の地図を見ると、なるほど、川白の海岸に岩礁《がんしよう》が描かれている。川白の集落は小さく、家屋を現す黒い粒がチョボチョボとあるだけだが、いちおう港湾の施設は整い、学校の記号もある。生徒は何人ぐらいいるのだろうか。

そして、川白の手前の地勢の険しいこと。断崖がつらなり、道は山肌《やまはだ》を巻いている。スリルと絶景の路線にちがいない。

一一月三日（昭和六一年）、月曜日。上野発9時40分の東北新幹線「やまびこ1号」で出発。盛岡着12時26分、特急「はつかり9号」で青森着14時47分、青函《せいかん》連絡船の「羊《よう》蹄《てい》丸」で函館着18時50分。さらに函館発19時00分の特急「北斗15号」へと乗り継ぎ、20時28分着の長万部《おしゃまんべ》で下車。

長万部は函館本線から室蘭《むろらん》本線が分岐する交通の要衝で、毛ガニの産地として知られるが、昭和三〇年、天然ガスのボーリングの際に温泉が湧出《ゆうしゅつ》した。泉温は四九度あり、歴《れき》とした温泉である。

温泉場は駅のすぐ裏手にある。一軒の旅館の玄関に立ち、「部屋はあいてますか」と訊《たず》ねると、宿の主《あるじ》が、

「朝食つきで五四〇〇円ですが、よろしいでしょうか」

と、高くて申しわけないというような口調で答えた。素っけないつくりの宿であったが、浴場は広く、湯量も豊富だった。

夜明けに雷が鳴り、土砂降りになった。不連続線が通過中とのことで、あいにくの天候だが、朝風呂《あさぶろ》を浴びているうちに雨が小降りになった。テレビの天気予報は「雨または曇り。ところによっては晴れ」。変りやすい天気ということなのだろう。そして「風雨波浪注意報」も出てい

る。

長万部発8時49分の倶知安《くっちゃん》回り札幌行の鈍行に乗る。ディーゼルカー二両で、客はごく少ない。

この線の魅力は深い森林と自然のままの尻別《しりべつ》川の渓流《けいりゅう》と、そして蝦夷《えぞ》富士の羊蹄山であろう。海岸経由の開けた室蘭本線にはない山岳路線の良さがある。

紅葉は終って茶っぽい枯葉が散っているが、カラマツは黄金色だ。やや盛りを過ぎた感じだが、まだ鑑賞に堪える。ひと山が巨大な糞《ふん》のように真っ黄色になったのもある。

倶知安を過ぎて低い峠を越え、10時53分、小沢に着いて下車。小沢は岩内線の起点だった駅である。岩内線はどうなったかと見るに、廃線後一年四カ月も経たというのにレールが撤去されずに放置され、赤錆《あかさ》びている。

小沢駅から五〇メートルほど離れたところに国道5号線が通じており、倶知安から岩内へ行くバスが走っている。時刻表によれば、倶知安発11時15分というのがあり、小沢の時刻は掲載されていないが、11時35分頃の通過と思われる。

雑貨店などが数軒並ぶバス停で、することもなく待つ。小雨が降っているが、南の方は雲が切れてニセコの山々に日がさしている。山頂付近にはわずかに雪がある。風が強い。

その風が私の帽子を吹き飛ばし、通りがかった車が踏みつぶして去った。

岩内行のバスがやってきた。二〇人ぐらいの客が乗っている。案外に乗車率がよい。客の大半は、おばさんや老人で、若者はほとんどいない。

二〇分ほどで岩内の町に入る。岩内は人口二万余で、北海道西岸では小樽《おたる》、留萌《るもい》に次ぎ、それなりに町の形は整っている。

バスターミナルは旧岩内駅前であった。岩内線は廃止になっても、虎《とら》は皮を残し、依然として鉄道駅の跡が交通の中心なのである。けれども、駅舎は撤去され、構内にもブルドーザーが入って掘り返している。わずかにホームの一部と信号機が残っているのみであった。

目的の川白へ行くのは「北海道中央バス」で、発車時刻は13時10分。一時間以上も待たねばならない。

しかし、文句を言うつもりはない。なにしろ、川白へのバスは一日二本しかないのである。その手前の赤石《あかいし》というところまでは九本あるが、川白まで行くのは13時10分発と16時30分発の二本だけなのだ。

ちょうど昼食時である。バスターミナルの付近には、スシ屋が三軒ある。

北海道の港町へ行ったらスシ屋に入れ、というのが私が勝手に決めた原則であるが、それに従って一軒に入る。

ホッキ貝がある。白身に淡褐色《たんかつしょく》の色あいの絶妙さが新鮮をあらわしている。それを刺身でと注文する。予想どおり非常にうまかったが、刺身だけを食べて何も飲まないですむ体質ではないので、お銚子《ちょうし》を一本つけた。

気分がよくなり、バスの発車を遅らせて欲しくなるほどだったが、切り上げて発車時刻の直前にバス停へ行く。

ガラ空きのバスだろうと甘くみていたのだが、意外にも四〇人くらいの客が乗っていた。座席数は約二〇で他は吊革《つりかわ》の立席という都市型のバスである。客の半数が立っている。

営業所のベルが鳴り、定刻にキチンと発車。町の中心の「十字街」に停《と》まると、どっと客が乗り、車内は大都市のラッシュ時のようになった。

しかし、岩内の町を出はずれると、バス停ごとに停車を求める赤ランプが点灯し、二人、三人と下車する。「自動車学校前」で二人、「リヤムナイ」で三人……。どの停留所もバスの幅だけ道を広げてある。歩道もあるし、よく整備された道路だ。

一五分ほど走ったり停ったりするうちに客が減り、立つ客はなくなった。終点の川白まではあと一時間ちかくかかる。川白まで乗り通す客は何人いるのだろうか。

堀株川《ほりかつぷ》を渡ると平地が尽き、積丹半島の山々が迫る海岸に出る。これから存分に海と漁村が眺《なが》められるはずだ。海側の席に坐《すわ》った私は二万五千分の一の地図を開いた。

ところが、バスは真新しいトンネルに入った。一直線の長いトンネルで、地図にはない。あれれ、と思う。鉄道ならば路線のつけ替えや短縮がおこなわれた場合、時刻表のキロ数や駅間の所要時分が変り、それと判《わか》るのだが、どうも道路やバスは勝手がちがう。長いトンネルを抜けてからは、海辺の道になった。

雨はあがったが、日本海の上を古綿のような雲が重く被《おお》っている。海面には白波が立ち、漁船は一艘《そう》も見えない。これから冬を迎えて、海はますます荒れるのだろう。

北海道の海岸には面白い形をした岩が多い。地質の関係だろうが、波に根元を削られても崩れ落ちずに堪えている。だからローソクやコケシに似た岩が随所に屹立《きつりつ》し、それに晩秋の荒波が当って勢いよく散っている。

ときどき山側から細い川が海へ注ぎ、わずかな平地に集落がある。

その一つで、川も集落もやや大きい茅沼《かやぬま》で五、六人下車し、残る客は一二、三人になった。

盃《さかずき》川を渡り、ついで茂岩《もいわ》川を渡る。川を挟《はさ》んで盃、茂岩と二つの名称の温泉があり、数軒の旅館がある。岩内から五〇分、川白まで四〇分の地点である。泉温は三四度で、浴用加熱の温泉だが、私は今夜の宿は盃か茂岩にしたいと思っていた。

ところが、編集部の秋田守さんが調べてくれたところ、川白に旅館が三軒あるという。まさか川白のような小漁村に旅館が、しかも三軒もあるとは思ってもいなかったので驚いたが、今回の目的の川白に旅館があるからには、そこに泊らねばなるまい。「ローカルバスの終点」への仁義だろう。

盃、茂岩から先は山が険しく海へ落ちて、相当な景観である。際《きわ》どい崖《がけ》っぷちをバスは曲りくねりながら行く。この先に人の住むところがあるのかと思わせるようなところだ。

が、突然、大きな集落が現れる。古宇川《ふるう》の河口の神恵内《かもえない》である。松前藩いらいのニシンの漁場で、いまはさびれたが人口は二〇〇〇もあり、立派な役場や「青少年旅行村」の施設もある。カモエナイはアイヌ語の神秘な沢の意。

神恵内で、ほとんどの客が下車したが、代って五人乗り、客はプラスマイナス八人になった。

バスは海際を走る。崩れ落ち、波に蹂躙《じゆうりん》されている防波堤の残骸《ざんがい》がある。漁港の廃墟《はいきよ》だ。往年のニシンの豊漁は望むべくもないが、他の魚も漁獲量が減っているという。

それでも、国道沿いに民家が並び、軒先にホッケの開きが干してある。

このあたりは赤石《あかいし》といい、去年の一〇月まではバスの終点だった。川白までバスが通じるようになったのは、わずか一年前なのである。赤石で五人降り、残るのは初老のおっさんと中学生と私の三人だけになった。

地図によれば、赤石から先は断崖が続き、道は細くなって山肌を高く巻いている。

さあ面白くなるぞと、地図を眺めながら期待していると、またしてもバスは地図にない新しいトンネルに入り、抜けるとまた新トンネルに入って、それをくり返すうちに、険崖のはるか先にあるはずの珊内《さんない》という集落を呆気《あっけ》なく通り過ぎ、あとは地図にある道へ戻って、14時25分、終点の川白に着いた。

左手に港があり、十数艘の漁船が船縁《ふなべり》を寄せ合い舫《もや》っている。岸壁には釣船《つりぶね》が引き揚げられている。その向うには川白という地名のもとになった岩のテラスが張り出し、波が砕けている。

道の右手は山が迫り、家が二〇棟ぐらい重なり合っている。一段高いところに学校と小さな神社がある。

ここまでは地図で想像したのとおなじだが、もちろん地図ではわからぬこともある。人影がまったくない。家々は戸を閉ざし、静まり返っている。廃屋もある。だが、犬が一匹いて、異邦人の私に向ってしきりに吠《ほ》える。風が強い。

乗る客もなく折り返すバスを見送る。この淋《さび》しい集落で一夜を過すのかと思う。

今夜は「たかだ旅館」というのを秋田さんが予約してくれている。一泊二食五五〇〇円とのことであった。

たかだ旅館は国道から山側への細い石段を上った、集落の裏手に迷いこんだようなところにあった。つくりも民宿といった感じで、玄関には刺網《さしあみ》が積んである。漁業が本業で旅館は副業なのだろうか。泊り客のいる気配はまったくない。

海と港の見える部屋に招じ入れてくれた色白のおかみさんに、こんなところで旅館をやって商売になるのか、と訊ねる。

「夏だけですね。海水浴と釣りのお客さんがありますから。それでいいんです」

砂浜はないのだが、磯《いそ》で遊んだり泳いだりするのだそうだ。

宿に荷物を置いて散策に出かける。

車の通れる道は川白までだが、人の歩ける道は先へと通じ、窓岩《まどいわ》、西の河原《さいのかわら》などの景勝地があるという。

そのあたりまで行ってみようかと出かけたのだが、国道の延長工事中で、掘り返された道が夜来の雨で泥濘《でいねい》と化している。

「これより先は落石の危険あり、また道路としての維持区間外ですので、関係者以外の通行は御遠慮願います」

との立看板もある。看板のほうは無視してもよいのだが、泥《どろ》んこ道に辟易《へきえき》して引き返し、坂を上って学校を訪れる。

すでに授業が終ったのであろう、静まりかえった入口の扉《とびら》を開けると、全校生徒のカラー写真が掲げてある。数えてみると、小学生六名、中学生九名の計一五名である。それにしては建物が大きすぎる。

声をかけたが返事がないので、スリッパにはきかえて闖入《ちんにゅう》する。

廊下に生徒数の変遷を示すグラフが掲げてある。戦前は小学生だけで一〇〇名に達しているが、戦後は昭和三七年の小学中学合わせて五五名がピークで、あとは減るいっぽう……。

職員室の扉をあけると、年輩の先生が一人いた。来意を告げ、といっても確《しか》とした来意などないのだが、愛想よく応対してくれた。

「来年は一人減って一四名になります。しかし、再来年は二人増えるはずです。五歳の子どもが二人おりますから。もっとも、ヨソへ行かなければという上での計算ですが。子どもは貴重品です」

と白髪の先生は言った。

辞して外へ出ると、日本海の向うの雲が切れ、西日がさしている。港にはカモメが舞い、網干しの丸太には図体《ずうたい》の大きいハシブトカラスがとまって、人が近づいても逃げない。

夕映えというには淋しすぎる。赤黄色のフィルターをかけたような、世の終りのような色が人気《ひとけ》のない川白の港と集落を包んだ。

そして日没。にわかに肌寒く、風も強い。

しかし、このあと、一日二本のうちの、最後のバスが来る。私は雑貨店に入ってワンカップの酒で「暖」をとり、17時38分着と時刻表にある最終バスの到着を待った。

波しぶきをヘッドライトで照らしながら、バスがやってきた。下車したのは岩内の高校へ通う男女二人ずつ。折り返しのバスに乗る客はいなかった。

宿に戻って一浴し、さて夕食。皿や鉢《はち》や椀《わん》が続々と、そして無雑作に並べられる。それを全部メモしてきた。
つきだし①＝ホタテ、バイ貝、焼ウニ、トコブシ、ヒル貝（ムール貝に似る）
つきだし②＝アワビ貝（水貝）
つきだし③＝生ウニと大根の葉の合わせ
酢のもの＝タコ
刺身＝イカ、タコ、マグロ、タラ（タラの刺身とは珍しい。これがいちばんうまかった）
焼魚＝ヤナギノマイ（メバルとタイの合の子のような白身の魚。身に弾力あり）
煮物＝サバの味噌煮《みそに》
吸物＝白身の魚入りソーメン
「夏場ならヘラガニをお出しできるのですけれど、すみません」
と、おかみさんは言った。
マグロを除けば、すべて川白で獲《と》れたものばかりだという。いずれも鮮度はよかった。
一泊二食五五〇〇円にしては過分な膳《ぜん》だが、すこしく危惧《きぐ》の念を覚える。高名な『旅』の編集部から予約したので、特別サービスではないかとの。
どの客にもこれだけのものを出すのか、と私は問うた。
「そうですけど？」

と、色白のおかみさんは不審げである。そして、こう言った。

「お客さんは、何か旅行関係の広告のお仕事でもなさっているのですか。電話では、そんなお話でしたけど。よく、パンフレットに載せてやるから五万円出せという人が来るんですよ」

日本交通公社も私も顔色なしだが、そういう筋の者ではないと言い、多すぎる魚介を突つきながら話を聞く。

「去年の一一月に道路が通じたおかげで便利になりました。それまでは海が荒れて船が欠航すると、一週間や二週間は野菜や手紙が来ませんでした」

「息子を高校にやろうとすると、岩内に下宿させなければならないでしょう。月に七万円もかかるのですよ。いまは、ここから通えるので……」

「川白は僻地の五級でしてね。なんでも補助を受けられたのです。ところが道路が通じてバスが来るようになると、二級だというのですね。二級じゃあ、たいした補助は受けられませんでしょう。それで、みんなで陳情してやっと三級にしてもらったのです」

僻地が一級から五級までに分けられているということなど、私が無知なのかもしれないが、はじめて知った。

まだ八時まえだが、腹がくちくて眠くなった。東京なら宵《よい》の口で、さてこれからという時刻だろうけれど、川白はすでに深い闇《やみ》のなかだ。防波堤に突き当る波が、ドンと鳴るばかりである。

北二《きたに》号《ごう》（北海道野付《のつけ》郡別海《べつかい》町）

別海《べつかい》町は北海道の東の果て、根釧《こんせん》台地にある。面積は一三三四平方キロ、と言ってもピンとこないが、香川県（島を除く）とほぼ同じ面積を占める広い町だ。名称は「町」でも、大半は原生林をきり拓《ひら》いた牧草地と湿地帯である。人口は一万八八〇〇で、一平方キロに一四人しか住んでいない計算になる。

「別海」はアイヌ語の「ペッカイ」（折れ曲った川）の当て字で、町域の中央を蛇行《だこう》しながら東へ流れる西別《にしべつ》川をさす。西別川はサケの遡行《そこう》の盛大なことで知られた川で、昔の写真を見ると、川面《かわも》がサケで埋まっている。現在は河口付近の海に網を張って獲《と》ってしまうので、そうした光景は見られない。しかし河口から一〇キロほど遡《さかのぼ》った地点に柵《さく》を設け、網をすり抜けてきたメスのサケを捕獲し、孵化《ふか》・放流用の卵を採取している。その捕獲場へ行けばサケを見ることができるという。いまは、ちょうどサケが川を上る季節である。

東京から新幹線や在来線や青函連絡船を乗り継ぎ、一昼夜をかけて根室に近い厚床《あっとこ》に

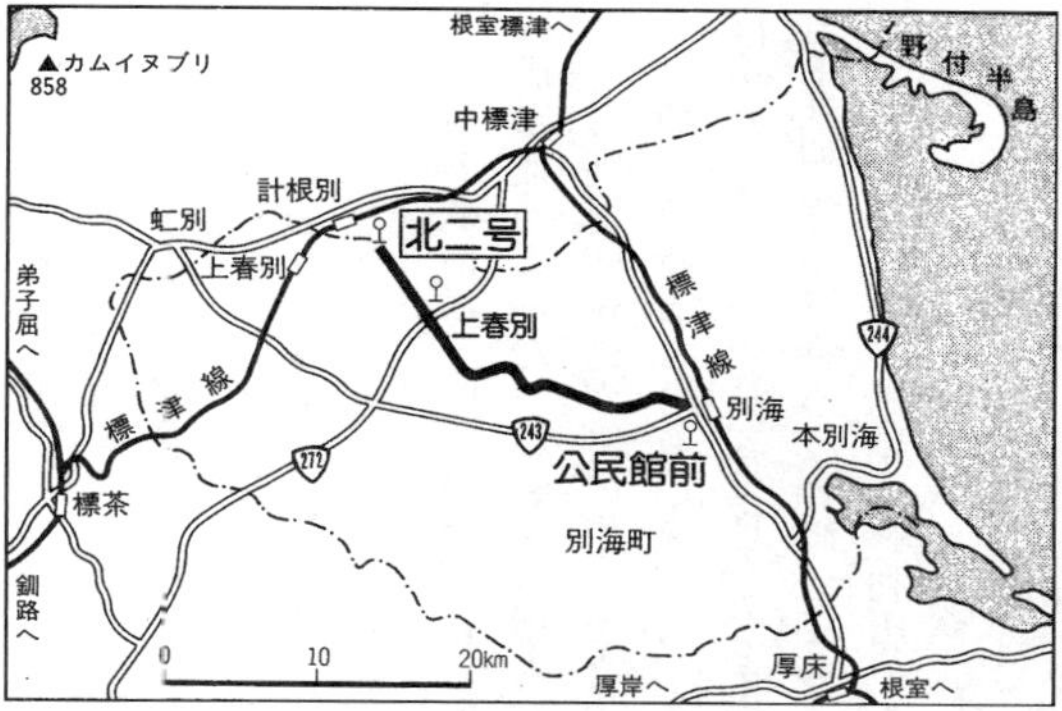

着いたのは、一〇月七日（昭和六二年）、水曜日の8時31分。夜明けの釧路《くしろ》付近は濃い霧だったが、釧路から鈍行列車に乗りかえて原生林や湿原を走るうちに霧ははれ、青空が広がった。爽《さわ》やかな秋の北海道の大自然に触れて、夜行列車の睡気《ねむけ》も消えた。

閑散とした厚床駅で一時間半ほど待ち、10時00分発の標津《しべつ》線で別海へ向う。標津線は廃線指定を受け、現在、地元と協議中だが、存続の見込はうすいという。

一両のディーゼルカーは数人の客を乗せ、根釧台地の東縁を走る。

シラカバやミズナラ、カラマツなどの茂る丘陵が、ゆるやかな起伏で茫漠《ぼうばく》と広がり、ときに湿地帯に入って、清冽《せいれつ》な小川を渡る。人家は見えない。日本にもこんな広大な土地があるのだぞと、地価狂乱の東京に向って叫びたくなるような景観だ。標津線に乗るのもこれが最後かもしれないと思うから、窓外を見る眼《め》にも力が入る。

湿地を流れる風蓮《ふうれん》川を渡る。この川は白鳥の湖として知られる風蓮湖に注いでいる。

風蓮川を境に別海町に入ると、沿線に牧草地が広がる。乳牛のホルスタインの群が草を食《は》んでいる。ディーゼルカーが丘陵の高みに上ると、サイロが二つ三つと遠望される。別海町の主産業は酪農で、一〇万頭余の牛が飼育されているという。

別海町の町域に入ってから二〇分、赤や青の屋根の新しい住宅が続々と現れ、西別川を渡って、10時31分、別海に着いた。

別海の駅前は、厚床とは比較にならぬほど開けていて、スーパーをはじめ、ひと通りの店が揃《そろ》っていた。パチンコ屋もパブもある。しかも、どの店舗も新しい建物である。この別海駅付近が町の中心をなす地区で、役場をはじめ公共施設や旅館が集っている。町域内を走る「町有バス」も、ここから各方面へ運転されている。しかし、運転本数は少なく、朝夕の二往復のみというのがほとんどである。私は西北の町境まで行く「上春別《かみしゅんべつ》線」に乗ろうと思っているが、これも7時00分発と16時25分発の二本しかない。バスに乗るのはマイカーを利用できない通学生徒だけなのだろう。休日は運休となっている。

しかも、16時25分発に乗ると、終点の「上春別北二号」に着く頃《ころ》には日が暮れてしまう。別海町は広いので、町はずれまで三五キロもある。あすの朝、早起きして7時00分発に乗るほうがスッキリしているなとも思うが、まだ決めかねている。

いずれにせよ、バスに乗るまでには、たっぷり時間がある。その間を利用して役場の商工観光課の川口清典さんが町内を案内してくださる手筈《てはず》になっている。私は地図を手に町役場のほうへ歩いて行った。

開拓地らしく道は整然とした碁盤目で、幅も広い。その道を銀色のタンクの牛乳運搬車が走っている。

役場は、集落のはずれの広々としたところにあった。建物は大きくないが、敷地は東京都庁より広いだろう。

川口さんにお会いすると、「どこを案内しましょうか」と五万分の一の町域全図をひろげる。五万分の一は行政の基本地図で、どの役場を訪れてもこれに接するが、別海町ほど大きい地図は見たことがない。ひろげると畳一枚ほどもあり、応接テーブルからはみ出してしまう。

女性が盆に牛乳をのせて入ってきた。お茶の代りに牛乳なのである。

経済部長の松本武弘さんが町勢の説明をしてくださる。

――牛乳は生産過剰気味で、今年度は量の削減と質の向上を強《し》いられている、酪農農家のうち三分の一は借入金の返済で経営が苦しい、サケは去年九千トン以上も獲れたが価格が大幅に低落したので今年は八千トンにおさえる予定。駅前の印象とは逆に明るい話題は少なかった。

しかし、人口推移表を見ると、一万八、九千人の線で安定していて、減少の傾向はない。

川口さんの運転する車で、まずサケの捕獲場へ向う。

サイロや牛舎の点在する牧草地を東へ一〇キロほど走り、右折すると河畔《かはん》林のなかを流れる西別川の岸に出た。川幅は二〇メートルぐらいで狭いが、水量は豊かで、両岸から張り出したミズナラの枝先を洗うようにして流れている。その流れを堰《せ》いて「ウライ」と呼ばれる木の柵と囲いが設けられていた。

「きょうは、たくさんいますよ」

と川口さんが言う。見ると、川面が無数のサケの背ビレで波立っている。跳びはねるサケもいる。

ウライの上に立って覗《のぞ》きこむと、どのサケも鼻先や頭の皮が剝《む》けて白くなっている。産卵と射精のために川を遡ろうとして柵に鼻をぶつけるからである。それでもなお、必死になって柵に突撃するさまは哀れだ。

引返して、こんどは南へ向い、「新酪農村」を訪れる。新酪農村というのは昭和四八年から五八年にかけて国費によって建設された最新式の牧場群で、五〇～六〇ヘクタールの牧草地、気密式サイロ、五〇頭収容の牛舎、住宅が備わり、給餌《きゆうじ》、搾乳《さくにゆう》、糞尿《ふんによう》処理のすべてが機械化されている。これは、いわば「建売牧場」で、平均価格は一億五千万円とのこと。

丘陵の高みで車を停《と》め、新酪農村を見はるかす。限りなく広がる牧草地、草を食む牛の群、銀色に輝くサイロ、赤い屋根の牛舎、瀟洒《しょうしゃ》な住宅。まるでデンマークに来たような眺《なが》めである。こんなところで牛とともに暮すのはいいだろうなあ、と思わせるが、じつは一億五千万円の返済が大変で、新酪農村に入居した農家の生計は苦しく、町にとって大きな問題なのだという。

「こんどは、戦前からの古い牧場へ行ってみましょう。開拓の苦労話も聞いてください」

と川口さんは車を町域の西北、上春別の方角へ走らせる。道はきれいに舗装されていて、行き交う車はほとんどなく、景色は雄大で、快適なドライブだ。

「こうやってお客さんを案内していますとね、すぐ一〇〇キロや一五〇キロは走ってしまいますね」

と川口さんは苦笑した。そして、

「どの農家も車を二台は持っています。ですから親も子も、みんな車です。牧草地の管理もトラクターですし、歩くということはありませんね。足が退化するんじゃないかと心配になるほどですよ。隣の家に行くのだって車です。もっとも、隣といっても五〇〇メートルは離れていますが」

とも言った。

川口さんが案内してくれたのは松田英彦さんの牧場であった。サイロも牛舎も家も古びていて、新酪農村とはくらぶべくもないが、こういう牧場は借金がないので暮しは楽なのだそうだ。

松田さんは六八歳、昭和五年に父上の後を追って岩手県から入植した人である。昭和五年から七年にかけては凶作がつづいたから、さぞ大変だったろうと思う。

昔の話をうかがいたいと来意を告げると、奥さんは愛想よく招じ入れてくれたが、隣の部屋から顔を出した松田さんは、「やだ、やだ。話なんぞしとうない。どこかよその家へ行って聞いてくれ」

と手を振る。

「せっかく東京から見えたのだから、そう言わずに」

と奥さんがとりなしてくれる。

「イヤですよ。食うや食わずでやってきた昔のことなんぞ、思い出しとうもない」

だが、そう言いながら松田さんは私たちの横にアグラをかいた。愛想はわるいが、人なつっこそうな眼をした人である。

そのうち、奥さんの誘導訊問《じんもん》で、ポツリ、ポツリ、と話し出す。

「小学校のときは弁当持って行けん日が多かったなあ。生徒の半分が弁当なしやった」

「ソバとムギと、そこらに生えているフキなど食っておった」

「イワシやサンマは金持の食うものでな、わしらはそこの川でタダでとれるアキアジ（サケ）しか食えなんだ」

食べものの話が多かったが、最後に松田さんは、

「人間とちがって牛は正直やから、つき合いやすくてええわ」
と言って、満足気に笑った。

つぎに人羅《ひとら》克己《かつき》さんの牧場を訪れる。人羅さんは七二歳、町の教育委員長を二〇年もつとめている人である。

歴史の本が並んだ書棚《しょだな》を背に、長身の人羅さんはキチンと正座して、淡々と語る。駄々《だだ》っ子のようだった松田さんとは、だいぶ感じがちがう。

――郷里は京都府の亀岡《かめおか》。家業の高野豆腐工場が火事で焼けたのを機に父親を説得し、一家をあげて昭和六年三月一五日に入植。八年には農耕に見切りをつけて酪農に転向、補助金は八割。その年に父が四六歳で死亡、翌九年には祖母も死亡。同年一二月に入隊し、満州で一年八カ月を過す。酪農経営が安定するまでは、酒、タバコ、結婚を禁ずるとの誓いをたてていたが、昭和一四年に禁を破って結婚、一八年に召集、バンコクで終戦を迎え、二一年復員――。

人羅さんは笑みを浮かべ、エピソードを加えながら、他人事のように、そして年表を読むように話す。その記憶の明快さは驚くばかりだ。「苦労」といったことばなど一言も発しないが、それがかえって苦労の深さを感じさせた。

一時間半ばかり人羅さんの話をうかがって辞去すると、日が傾いていた。

ところで、私は搾乳機というものを見たことがない。手でしぼるのは自分でやってみたことがあるが、機械でしぼるとはいかなるものかを知らない。

その旨《むね》を言うと、

「え？　搾乳機をご覧になったことがないのですか」

と川口さんが非常に驚く。そんなに驚かなくてもいいと思うから、

「東京の人間は酪農のことを何も知りませんよ。子どもを生まなくても乳を出すのが乳牛だと思ってる奴《やつ》さえいるくらいです。いまは機械で乳をしぼるのだと知っているのはマシなほうです」

と抗弁する。

搾乳は午前五時半頃からと午後五時半頃からとの二回で、五〇頭の乳をしぼり終るのに二時間かかるという。

五時半、清野《せいの》広幸さんの牧場へ行く。

牛舎の入口に立つと、二列横隊で向い合っていた牛たちが、乾草を食むのをやめて、いっせいに私のほうに顔を向ける。これは迫力があり、思わず後ずさりする。

尻《しり》のほうの通路に回ると、こんどはジャーッと放尿する。水道の蛇口《じゃぐち》を全開したぐらいの量と勢いだから、しぶきがズボンにかかる。

搾乳機の吸い口は金属製のユリの花のような形をしており、ゴムホースがつながっている。牛の乳首は四つあるので、搾乳機の吸い口も四個で一組になっている。

一頭の牛から一回にしぼる乳の量は約一リットルで、所要時間は約二分。清野さんの奥さんが二組の吸い口を手際《てぎわ》よくセットしたりはずしたりしながら移動していく。どんなに機械化されても、この作業だけは手仕事である。吸い上げられた白い乳が天井のガラスパイプのなかを勢いよく流れている。

清野さんが一頭の牝牛《めうし》の尻を叩《たた》きながら、

「お前は乳の出がわるくなったぞ。そろそろ処分だな」

と言う。人工受精と出産をくりかえしたあげく屠畜場へ送られるのが乳牛の一生である。充実した見聞の一日が終って、小さいながら純洋式の別海プラザホテルに泊る。

翌日も快晴。

上春別行の町有バスの発着場は、駅前ではなくて公民館の前庭にある。付近には病院や診療所が集っているので、通院者の便を考えてのことであろう。

7時00分発のバスの客は私一人であった。生徒や通院者を迎えに行く、いわば回送車なのだ。

別海の集落を出はずれると、たちまち牧草地が広がる。点在するサイロ。きのうとおなじ眺めだが、バスは座席の位置が高いので、いくらか視界がちがう。きのうは放牧の牛の横腹を眺めたが、きょうは背中が見える。たいしたちがいではないが。

ところどころに「牛横断注意」の札が立っている。

北海道の開拓地は定規で引いたような「号線」でタテ、ヨコに区画されている。道路もそれに沿っているので、ほとんどが直線区間だ。わずかな起伏など無視し、上り下りしながらまっすぐに道が伸びている。

上春別地区に入ると、起伏がほとんどなくなった。一直線の舗装道路をバスは六〇キロ以上、ときには八〇キロもの快速で飛ばす。

まっすぐに伸びた道のかなたには、斜里岳や標津岳の青味を帯びた山なみが望まれる。カナダかアラスカを走っているかのようだ。

「このあたりですか。テレビの車のコマーシャルを撮影するのは?」

と運転手に訊《たず》ねてみる。

「そうです。外国へロケしたように見えるからだそうです」

「とすると、右側を走らせて撮影するのかな」

どちら側を走ろうと対向車は現れず。しかも、はるかかなたまで見通しがきくのである。

大《おお》津《つ》（北海道中川郡豊頃《とよころ》町）

北海道の十勝《とかち》川の河口に「大津」という港町がある。

鉄道は通じていない。だから、行ったことはないのだが、地図を眺《なが》めていると、荒涼とした漁村の景観が瞼《まぶた》に浮かんでくる。

私は地図を見るのが好きなので、気になる地域があると、くわしく知りたくなって国土地理院の二万五千分の一を買いに出かける。月に一回か二回は一〇枚、二〇枚と買ってしまうのだが、家に持ち帰って一葉ずつ点検するのは楽しい。「十勝大津」とその周辺の「湧洞沼《ゆうどうぬま》」「旅来《たびこらい》」などを買ったのは去年の春ごろだったろうか。

開いてみると、予想したとおり、寒々《さむざむ》としたところである。湿原、沼、低い丘陵、蛇《だ》行《こう》する川と河跡湖……。人類居住以前の原地形を見る思いがする。

とは言え、現代の地図であるから、道路や集落もある。道は定規で引いたような一直線で、こんな道を歩いたなら距離感を喪失しそうな味気なさだが、そのうち太い一本が「大津」に通じている。

大津の集落は、北側に十勝川、西は湿原、東南は海岸砂丘の向うに太平洋という位置にある。町の規模は意外に大きく、一キロ×三〇〇メートルぐらい。ただし、家並の密度はうすく、隙間風《すきまかぜ》が吹き抜けているように見える。

だんだん気になって、地名辞典などで大津のことを調べてみると、「大津を知らずして十勝、いや北海道の開拓の歴史は語れない」というほど栄えたところなのであった。今日、十勝の中心として君臨している帯広など、とうてい及ばない歴史を有している。

六月八日（昭和六三年）水曜日。羽田発7時40分の日本エアシステムのＤＣ９で帯広へ向う。

雲上飛行一時間、高度を下げて揺れながら雲の下に出ると、左下に襟裳岬《えりもみさき》、ついで右窓に弧を描いた十勝の海岸線が望まれた。

9時15分、定刻に飛行機は帯広空港に着陸した。シベリアにでも来たかと思うほどに広々とした平原のなかの空港であった。西には日高山脈が残雪をいただいて長々とつらなっている。日本離れをしたスケールの大きい山脈だ。山々の頂き付近には氷河の跡とされる圏谷《カール》がいくつも見える。

帯広市内への連絡バスに乗る。飛行機には一〇〇人以上乗っていたはずだが、団体観光客は専用バス、他は出迎えの乗用車で散ってしまい、連絡バスの客は一〇人そこそこであった。

帯広空港は、あの一世を風靡《ふうび》した「幸福駅」の近くにあり、帯広市街から二五キロも離れている。連絡バスは坦々《たんたん》とした道を三〇分余り走り、9時59分、JR帯広駅の西側に接した「バスタッチ場」に着いた。

バスタッチ場とは聞きなれない表現だが、各方面からのバスがここに立ち寄って接続し合う。なるほど、方向別に八つの乗場が並んでいた。

私が目指す大津へのバスは市中の営業所が起点だが、このバスタッチ場に立ち寄る。運転本数は少なくて一日三本（休日は二本）、こんどの発車は12時40分となっている。

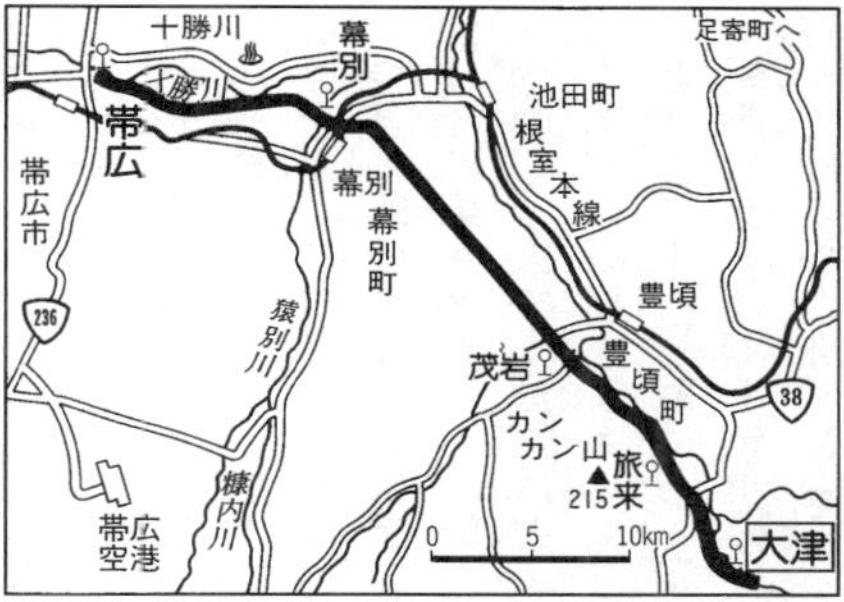

ただし、大津の手前の「茂岩《もいわ》」までのバスならば本数は多く、10時00分発がある。茂岩は大津を含む豊頃《とよころ》町の中心地で町役場もあるので、帯広で何時間も待つより、とりあえず茂岩まで行って役場を訪ねてみたい。

9時59分という微妙な時刻に「バスタッチ場」に着いて、茂岩行の乗場はどこかと見回し、ようやく「8番」と判《わか》って歩みかけた瞬間、無情にも10時00分のバスは発車してしまった。正にタッチの差である。つぎの茂岩行は11時00分。

が、待時間の利用法は、いろいろある。

まず帯広駅の跨線橋《こせんきょう》に上って構内を眺める。広尾《ひろお》線と士幌《しほろ》線が廃止され、根室本線一本だけの駅となって、閑散としている。幾条も並んでいたレールは撤去され、貨車もディーゼルカーもない。河口港の大津がさびれたのは鉄道が通らなかったためというが、鉄道もまた淋《さび》しい時代を迎えた。

跨線橋の袂《たもと》に小ぎれいなビヤホールがあり、「サッポロ生ビール」の立看板にノドが鳴ったが、まだ朝の一〇時過ぎなので我慢する。

つぎに駅の公衆電話にテレホンカードを挿入《そうにゆう》して、大津の「はまなす旅館」に電話をかけた。編集部から「一軒だけ旅館があります」と番号を教えられていた。

「今晩、一人で一泊だけど……」

「ああ、いいですよ」

と女性の声。一瞬にして予約完了だが、愛想がない。一般に北海道の人は愛想がない。

駅前のシティーホテルのロビーでコーヒーを注文したが、これまた愛想がないうえに持ってくるのが非常に遅く、11時00分発のバスに間に合うかどうか、というほどの時刻になった。けれども、運ばれてきたコーヒーの香りは高く、うまかった。

帯広を中心とするバス路線網の大半は「十勝バス」であるが、どのバスも黄色を主調とした塗装に青のストライプ、という美しいとは言いかねる外装で、しかも前後左右に広告を存分に掲げていた。

11時00分発の茂岩行バスは、帯広市内の目貫《めぬき》通りを右折左折し、そのたびに信号待ちがあって、大都市なみの渋滞であったが、一五分ほどで市街地を抜けて札内川《さつない》を渡ると、前方が広大に開け、信号機もなくなって、バスは国道38号線を快走しはじめた。

十勝川の主要な支流は帯広付近で合流しており、北からの音更川《おとふけ》も南からの札内川も、西からの本流とおなじくらいの水量がある。この合流地点から河口の大津までが十勝川ならではの大河なのであって、幕末から明治の前半にかけては、大津―帯広間の舟運が十勝の物流のメインルートであった。が、舟運から鉄道、さらに道路への時代になって、こうして私もバスに乗っているわけである。

とはいえ、広い国道を快走するのは気持のよいものである。

と、バスは国道から右折して札内の集落に入り、回り道をして国道に戻る。

七、八分走ると右手に幕別《まくべつ》という、やや大きな町があり、ここでも国道から折れて町中を一巡しながら根室本線の駅に寄り、さらに町はずれの団地を迂回《うかい》する。

小まめに客を拾おうとして遠回りをするわけで、時間は余計にかかるが、集落の中が見えるのはバス旅行の面白さである。マイカーやタクシーで一直線に目的地へと突っ走るのとは味わいがちがう。

幕別から先は集落がなく、客も四人に減って、バスは十勝川本流の西側に沿う国道をひたすら走る。あたりは緩やかに起伏する牧草地や耕地である。作物はビート、小麦、豆類などで、水田はない。

十勝川の対岸の山裾《やますそ》に「十勝ワイン」で知られる池田町の家並が望まれる。町全体が赤っぽく見えるのは赤屋根が多いからだろう。ヨーロッパの町のようだ。地図によれば、この国道38号線と池田町とは五キロぐらい離れているはずなのだが、二、三キロ程度の近さに見える。空気が澄んでいるからだろうか。

集落がないので、バス停の名は線引き区画の号線番号ばかりである。テープの女性の声が、「つぎは一二線」「一四線」「一六線」と告げるが、どこも乗降客はなく、通過する。一六線から豊頃町に入る。この先、大津まで豊頃町の町域である。十勝開拓の門戸として幕末いらい君臨していた大津村はさびれ、昭和三〇年に後進の豊頃町に合併されてしまったのである。

左窓に十勝川の堤防を眺めながら坦々と走り、二八線まで来ると、ようやく家並が現れ、11時55分、豊頃町の中心、茂岩に着いた。道路の両側には商店、スーパー、食堂などが並び、斬新《ざんしん》なデザインの新しい店もあるが、商店街と言うには道幅が広すぎるし、通る車も人も少ないので、閑散として見える。

一段高いところに四階建てのホテルのような新建築の町役場がそびえている。ちょうど昼休みの時間に着いてしまったが、役場を訪ねる。一階はホテルのロビーさながらで、二階三階に各課があった。

食事どきの闖入者《ちんにゆうしや》に快く応対してくれたのは企画課振興係の若い係長の平井均さんで、町のようすなどを聞く。「ローカルバスの終点へ」で訪れる町村に景気のよい話は少ない。豊頃町もまた冴《さ》えない。

「三〇年間で人口は半減して、いまは五〇〇〇人そこそこです。若い人は、みんな出て行ってしまいますね」

大津については、

「アキアジ（サケ）漁のおかげで、どうにか……」

とのことであった。

役場の近くの食堂に入ると、生ビールがある。せっかく北海道へ来たというのに、きょうは暑い。東京と変りがないほどだ。それで、誘惑に負けて小さいジョッキを注文する。なんたるウマさ。これは状況の仕業だが、ラーメンのほうは確実に最上であった。東京で、こんなラーメンを供したなら店の前に列ができるだろう。

いい気分になって茂岩のバス停で待つうちに、定刻13時40分、大津行の十勝バスがやってきた。

車内には意外にも都会の若奥さん風が数人乗っており、なかなか綺麗《きれい》な人もいて、やはり由緒《ゆいしょ》ある大津へのバスともなると、と思いかけたが、つぎの「旭《あさひ》団地」という北欧型の新住宅が並ぶバス停でみんな下車した。残るは潮風の年輪を額や頰《ほお》に幾重にも刻んだお婆《ばあ》さん二人と私だけになった。

国道38号線は茂岩で十勝川を渡り、釧路《くしろ》へと向うので、茂岩から大津までは、「道道」

（北海道道）の旅来《たびこらい》大津《おおつ》線である。しかし、舗装された快適な道だ。

行き交う車もない道をお婆さん二人と私を乗せたバスは快走する。バス停名は相変らず「××線」である。

十勝平野は広大な平原だが、太平洋岸に近づくと、低い丘陵が起伏しはじめる。丘陵が川に迫る箇所では道が堤防の上に登り、十勝川の本流を見ることができる。現在の十勝川は両岸に高い堤防が築かれ、水量も灌漑《かんがい》に吸いとられて、氾濫《はんらん》をくりかえしながら猛威をふるった往年の面影《おもかげ》はない。おだやかに流れる十勝川の河原と堤防はタンポポの花ざかりであった。

「渡船場入口」というバス停がある。襟裳岬方面からの国道336号線が十勝川を渡る箇所なのだが、橋がないために国道が跡切《とぎ》れている。それで、国道連絡船とも言うべき渡し船があるのだが、これが小船で、車はもとよりバイクも積めない。自転車二、三台と人間五人がやっとという渡し船だそうだ。

歩く人も自転車も見かけない地域に、そんな渡船が何の役に立つのかと、二万五千分の一の地図を片手に眼《め》をこらしたが、渡船場は堤防の向うで、見えなかった。

渡船場のすぐ先に「旅来《たびこらい》」というバス停があり、丘が道に迫って数軒の家がある。この丘は十勝アイヌのチャシ（砦《とりで》）の跡で、丘の上には神社が建てられている。襟裳岬の向うから勇猛な日高アイヌが攻めてきたとき、この地の酋長《しゅうちょう》が深い傷を負いながら獅子《しし》奮迅《ふんじん》の活躍で敵を追い払い、勝利の「タップカラ」（神楽《かぐら》）を舞ってから絶命したので、この地が「タビコライ」と呼ばれるようになったという。

旅来砦は規模が大きく、濠《ほり》が残っているという。が、一日三本しかないバスの客は降りるわけにいかない。


旅来から先は、走れど走れど家一軒なく、この先に何があるかと思うほどの景観になった。

が、河口近くの湿原地帯に入ると、前方にクレーンが二基見えた。大津を避難港にするための工事である。大津は避難港として再生しようとしているのだろうか。

チラホラと大津の家並が現れると、バスは砂丘に建てられた「十勝発祥之地」の碑の前で左折した。

ここからが大津の集落で、道は碁盤目になっており「市街」と呼ばれる。けれども、それは私たちの常識とする市街とは程遠い。雑貨店や民家や魚介類の加工場が、まばらに点在するだけのさい果ての集落である。大津の最盛期は明治三〇年代で、人口二〇〇〇を超えたが、現在は八〇〇人で、さらに減少の傾向にあるという。

14時05分、終点の「大津」に着いた。

下車したのはお婆さん一人と私だけで、人通りはない。

砂丘に上ってみる。廃船が何艘《そう》も放置されている。前は渺茫《びょうぼう》たる太平洋である。帯広や茂岩は暑かったが、大津の海岸はうすら寒い。十勝から釧路にかけての海岸は六月から八月にかけて海霧が発生し、気温が上らないという。

私が乗ってきたバスは15時15分に帯広へ向けて引き返す。それに乗って大津を去りたくなった。旅先でこんな気持になったのは、ひさしぶりのような気がする。

けれども、今夜は「はまなす旅館」を予約してある。行かねばならない。

「はまなす旅館」はドライブインのような妙なつくりで風情《ふぜい》がなく、電話での無愛想な印象もあって、予約したことを後悔しかけたが、現われたおばさんは電話とちがって愛想がよかった。

すこし心が和《なご》んで部屋に鞄《かばん》を置き、大津の集落を歩く。人通りがないので、話しかける人はいない。とくに見るものもない。これはしかたがない。何もなさそうなところだからこそ、大津へやって来たのだ。

四、五〇分散歩して宿に戻る。他に客はいない。客の来るシーズンはいつかと訊《たず》ねてみる。

「九月と一〇月だけですね」

つまり、サケ漁の時期だけなのである。

まだ三時半で、日暮まで時間があり余っている。

宿の裏手に役場の支所があるので、訪ねてみた。勤務者三人だけの支所で、所長の水

口正直《まさなお》さんに自己紹介をすると、

「さきほど車で通ったとき、見たことのない人が歩いているなと思いましたが、あなたでしたか」

と言った。

その水口さんは親切にも車で湧洞《ゆうどう》沼、旅来砦、渡船場を案内してくださった。渡し守を兼業する伊井田《いいだ》松雄さんの家にも立ち寄った。一巡二時間。走行距離は一〇〇キロにも及んだ。北海道では、ちょっと走ると、たちまち一〇〇キロになる。

九艘泊《くそうどまり》（青森県下北《しもきた》郡脇野沢《わきのさわ》村）

本州の北端の下北半島。陸奥《むつ》湾を抱きこむように突き出たマサカリ型の半島である。私は下北半島が好きで、幾度か訪れている。北海道の「さい果て」を思わせる荒涼とした景観があり、死者との対話の媒介をするイタコの集る恐山《おそれざん》の霊場があり、鄙《ひな》びた温泉があり、ヒバの美林があり、夜の海にはイカ漁船の灯《ひ》がきらめく……、それに魅《ひ》かれた。

しかし、思い返してみると、下北半島だけを目的に旅したことは少ない。北海道旅行の途次に立ち寄っている。下北半島の先端部の大間《おおま》と函館との間にフェリーがあって、二時間で結んでおり、青函連絡船の半分の所要時間である。だから、北海道への往き帰りの際、何回か大間―函館間のフェリーを利用し、下北半島を通った。

そうした関係で、下北半島とのつき合いは、野辺地《のへじ》―むつ市―大畑《おおはた》―大間のルートとその付近ばかりであった。つまり、マサカリの柄《え》と刃の背の部分である。

したがって、半島の西南部の脇野沢《わきのさわ》村方面へは一度も行ったことがなかった。それが気にかかっていた。

脇野沢へはむつ市の中心田名部《たなぶ》からＪＲバスが通じており、大湊《おおみなと》線の終点の大湊駅前を通る。バスの所要時間は大湊から一時間二〇分。ほどよい行程である。それで、

「今回は脇野沢へ行きます」

と編集部の秋田さんに言った。

しばらくすると、

「去年の一一月からバス路線が延長されまして九艘泊《くそうどまり》まで行くようになったそうです」

という返事とともにバスの時刻表が送られてきた。

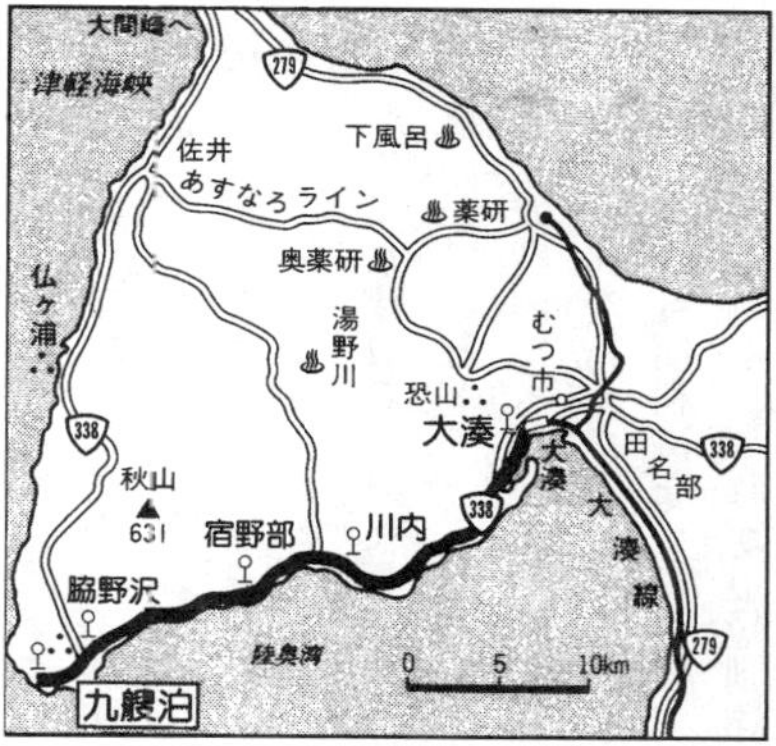

　九艘泊までバスが行くようになったのか、と私は驚いた。

　脇野沢の先に「九艘泊」という小集落があるのは知っていた。地図によれば、道の行きつく果て、といった感じのところで、南へ突き出た北海岬《みさき》の直前にあり、「猿《さる》生息北限地」と記されている。人間とサルとの境の地のように思われる。

　地名の由来は、頼朝《よりとも》に追われた義経《よしつね》の一行九艘が嵐《あらし》を避けて停泊したからと伝えられている

が、私は「クソ止まり」すなわち「どん詰まり」というふうに勝手に解釈していた。そして、脇野沢まで行ったなら、八キロの道を歩いてでも、地の果ての九艘泊を瞥見《べっけん》しようと思っていた。

その九艘泊までバスが通じたのかと、ちょっと興醒《きょうざ》めしたけれど、バスで行けるとなれば、もちろん九艘泊まで行きたい。

「しかし、九艘泊では泊れないでしょうから、引き返して脇野沢の旅館か民宿で……」

と言いかけると、

「いえ、九艘泊にも民宿が一軒ありまして」

と秋田さんが言った。どうも日本は私が考えている以上に開けてしまったらしい。

交通のほうも便利になっていて、上野発9時40分の東北新幹線に乗れば、17時39分には九艘泊に着ける。これが最短到達時間だが、東京から八時間で行けるとは、飛行機利用など念頭にない人間にとっては驚きである。

連休明けの五月六日(昭和六二年)に行こうと決めて新幹線の指定券や「青森・十和田ミニ周遊券」を用意し、出発の前日、民宿九艘泊荘へ電話をかけた。が、

「六日ですか。あいにく病院へ行く日でなあ、泊っていただけんのです」

とのこと。病院へ行く日が休業とは民宿ならではだが、こちらも日程は変更できない事情があるので九艘泊荘は諦《あきら》め、脇野沢の上星《じょうぼし》旅館に泊ることにしてダイヤルを回した。

交通公社の『宿泊情報』に「木造一階全五室、料金五〇〇〇円」とある旅館である。

騒音で、話が通じない。

「雨の音がやかましくて、聞えんのです」

と言う声が、わずかに伝わってくる。大声を張りあげて予約したが、どんな宿なのかと思う。


五月六日（水）、上野発9時40分の東北新幹線で出発し、盛岡で在来線の特急に乗り継いで野辺地着14時16分。

ホームに降り立つと、思わず襟《えり》を合わせるほど寒い。東京は五月晴《さつきば》れだったのに、途中から天候が悪くなり、曇から雨に変っている。しかも、雨滴のなかには白いものが混じり、ホームを転がっている。霰《あられ》である。青森県とはいえ、すでに五月だから異常気象であろう。

野辺地からは14時34分発の大湊線のディーゼルカーで、マサカリの柄の部分を北へと向う。

大湊線は陸奥湾に沿う砂丘の上を行く線で、車窓の景観はオホーツク海岸に通じるほど荒涼としている。

不毛地帯に敷かれた線なので、ほとんど人家はなく、駅間距離も長い。

浜辺から線路際《ぎわ》にかけて、ビニール袋や空き缶《かん》などが散乱している。行楽客が散らかしていったかに見えるが、もとより遊山《ゆさん》の人が来るようなところではない。陸奥湾から打ち上げられたのだろう。漁網の千切れたのや、浮き玉などもある。

氷雨《ひさめ》がやみ、雲が切れて、前方に残雪の恐山が現れ、15時57分、終点の大湊に着いた。大湊は旧海軍の軍港で、現在は海上自衛隊の基地になっている。あの「原子力船むつ」が岸壁に空《むな》しく繋留《けいりゆう》されているのが見えた。

改札口を出ると、すぐ九艘泊行のバスがやってきた。田名部始発のバスで、車内は老人やおばさんたちで席がふさがっていた。病院通いや買物の客であろう。

大湊の町なかを走り、小学校前に停車すると、生徒たちがどっと乗りこみ、通路まで一杯になった。

しかし、その雑沓《ざつとう》も束《つか》の間《ま》で、一〇分もすると、小学生はほとんど降りてしまう。みんな「どうもありがとう」と運転手に声をかけながら定期券を見せている。老人やおばさんたちも、つぎつぎに下車して、たちまち車内が空《す》いてきた。


バスが走っているのは国道338号線で、ほぼ陸奥湾の北岸に沿っているが、ときどき海岸から離れて雑木林に入る。海と反対側の右窓には樹々《きぎ》の向うに恐山が望まれ、高原を行くような感じがする。右側だけを見ていると、とても海岸沿いの道とは思えない。

サクラが満開である。ソメイヨシノは散った気配だが、このあたりはヤマザクラなどが主力らしく、見事に咲きそろっている。大半の日本人にとっては一カ月も前に過ぎ去ったサクラが、ここでは今が盛りなのだ。バスの車内にも花見のポスターが掲げてある。

ときどき海側の道端にホタテの貝殻《かいがら》の山を見る。陸奥湾はホタテの養殖のさかんなところだ。

山側には丸太が積まれ、小さな製材所がある。「住宅の建築は青森産のヒバで」という看板が立っている。

大湊から五〇分で川内《かわうち》の家並に入る。ホタテ養殖とヒバ製材の町である。

新しい家が多い。海風にさらされた壁板が干《ひ》からびて反りかえったような家はほとんどない。どの家も大都市近郊の新興住宅のようなつくりである。製材業のほうは安い輸入材に押されて不況だというから、ホタテの景気がいいのだろうか。

いたるところにホタテ養殖用の籠《かご》が積んである。これに稚貝を入れて海中に吊《つ》るし、大きくするのである。

川内町で大半の客が下車し、二人乗って、差引き八人になった。

淋《さび》しくなった車内に比例して、沿道の人家も少なくなってきた。通り過ぎる宿野部《しゅくのべ》、蛎崎《かきざき》などの集落も黒ずんだ家が目立ってきた。

脇野沢村に入り、17時25分、役場のある「本村《ほんそん》」に着く。商店街があり、スーパーやスナックもあって、想像していたよりは開けている。役場や診療所の建物も新しいビルである。

脇野沢で私以外の客はみんな下車したが、小学生が男女二人ずつ乗った。

ここまでは、わりあい穏やかな海岸沿いの道であったが、脇野沢を過ぎると、山が海に迫って、きり立った崖下《がけした》を行くようになった。海上には鯛島《たいじま》がある。その名のとおりタイに似ている。

寄浪《きなみ》で小学生二人が下車し、つぎの蛸田《たこだ》で女の子が降り、残るは男の子と私だけになる。停車する小漁村の家々の軒先にはタラが干してある。

断崖《だんがい》の下の道には落石が散乱している。それをよけながら運転手が振りかえって、

「このあたり、よくサルが出ますよ」

と言った。

芋田《いもた》という、私が巨人だったら懐《ふところ》に抱えこんで温めてやりたくなるような小集落を過ぎ、岬を回ると、終点の九艘泊であった。その先には北海岬の断崖が立ちはだかっていた。

九艘泊は五九世帯、二〇七人が住んでいるという。その三分の一ぐらいにしか見えないが、これはどこでもそう見えるものである。

夕暮で人影はなく、港に積まれたテトラポッドの上に人口の何倍もあろうかと思われるウミネコが群集していて無気味だ。

私が乗ってきたバスは、すぐ折り返す。これが最終便である。九艘泊へは、あすの朝に再訪することにして脇野沢へ戻る。

予約しておいた上星旅館は商店街のなかにあった。ホタテの仲買人が泊りそうな宿で、平屋トタン屋根。雨の音がうるさくて電話の声が聞きとれないというのも肯《うなず》けた。しかし、池や灯籠《とうろう》を配した中庭があり、それなりの風格は備えていた。

夕食の膳《ぜん》は、アイナメの刺身、チカの天ぷら、「剝《む》くのに手間がかかる」とおかみさんが言う笹竹《ささだけ》の芽などであった。

刺身も笹竹もうまく、私は酒が飲みたくなったが、ビール一本だけで自重した。というのは、これから訪ねたい学校があるからであった。脇野沢で一泊するからには、この学校を無視することはできない。

その学校とは、大湊高校の脇野沢分校（定時制）なのだが、現状は四年生の生徒一人のみとなっている。過疎地《かそち》を象徴するような生徒数だ。しかも、この生徒は田中喜久美さんという四三歳のおっさんで、土木会社の現場監督、もちろん妻子がある。聞くところによると、子どもたちが父親に何かと質問するのに答えられないのを恥しく思い、一念発起して定時制高校に通いはじめたのだという。

その志は立派だが、町村側からすれば、妙なおっさんが生徒として頑張《がんば》っているために廃校にできないという事情がある。一人でも生徒がいるからには学校を維持し、教員を配置しなければならない。脇野沢分校の場合は教頭以下四人の教師が田中さんの教育に当っている。が、来年の三月になれば田中さんが卒業する。それを待って脇野沢分校は廃校になる。

集落の裏手の暗い坂道を上ると、木造平屋の校舎があり、「四学年教室」と「教員室」だけ明かりが灯《とも》っていた。

玄関の扉《とびら》をそっと開けて侵入すると、廊下に見覚えのある顔があった。このバスシリーズの写真を担当している郷司さんである。写真撮影は一週間以上まえに終ったと聞いていたので、なぜここに？　と訊《たず》ねる。

「ここが好きになりましてね、きのう夜行でまた来たのです」

教員室に入って、教頭の祐川喜一郎《すけがわ》さんに挨拶《あいさつ》する。他に若い先生が二人、机に坐《すわ》っている。もう一人の先生は教室で田中さんを相手に数学Ⅱの授業中である。

「田中さんの去年の欠席日数は一三日ですが、これは定時制の生徒としては非常に少ないほうです。立派な生徒です」

と祐川教頭。その他、僻地《へきち》の学校の事情などをうかがって廊下に出、四年生の教室を窓越しに覗《のぞ》くと、トレーニングパンツ姿の陽焼《ひや》けした顔の中年生徒が机に両肘《りょうひじ》をついて黒板を見上げ、教壇には背広にネクタイの若い先生が立っているのが見えた。

それだけ見れば十分なので、宿に帰って、ひとり酒を飲んでいると、郷司さんが現れ、「すぐ前のスナックにみんな集るそうです」とのこと。

行ってみると、田中さん、その奥さん、先生三人、役場の振興課の係長さんなど続々と現れた。

こういう席では田中生徒と先生の立場は逆転する。いつも「生徒」が「先生」をおごっているらしい。

一人の若い先生が私に言う。

「授業中にですよ、こっちが一所懸命やっているのに、生徒がヒョイと手をあげて、あとで飲みにいこうか、なんて言うんですからね、拍子抜けがしますよ」

そうだそうだと、他の先生が手をたたく。

賑《にぎ》やかな談笑のなかで、すこしは真面目《まじめ》な話も聞いた。

「僻地手当がつきますでしょう。トクをしたような気になって、ついムダづかいをしてしまうのですよ」

よくわからない話だが、みんな、そうだ、そうなんだよ、と深刻に肯き合い、酒席が白けるほどになる。僻地のことは、そこに住みついた人でなければわからない。

役場の振興課の千船《ちふね》藤四郎さんは言う。

「世界最北端の野生ザルということで天然記念物に指定されたでしょう。だけど、このサルたちが畑を荒すのですよ。大根を引っこ抜く、トウモロコシを食い散らす。どうしてくれるんだと苦情が絶えません」

「カモシカも天然記念物です。これも畑の苗を食います」

「山菜をとりに行って、それっきり帰らない人もいます。キツネに化かされたと言いますが、道に迷って戻れなくなったのでしょう」

やはり、ここは極限の地なのだ。

翌朝、車で野猿公苑《やえんこうえん》へ行った。文化庁の許可を得て、もっとも悪質な「A1群」七二匹を捕獲し、収容しているのである。他の地域の野生ザルにくらべて図体が大きいように思われた。

そのあと、九艘泊へ行った。

港では、陸揚げされたタラを主婦たちが開きにし、干している。そのかたわらでは、老人たちが雑談しながら日なたぼっこをしている。若い人は、まったく見当らない。

民宿九艘泊荘を見つけ、誰が病院へ通っているのかと訊ねてみた。

「主人がねえ、カゼをこじらして田名部の病院通いでな」

田名部まではバスで一時間半もかかる。

湯《ゆ》ノ岱《たい》（秋田県北秋田郡森吉《もりよし》町）

秋田県の北部、米代《よねしろ》川の支流の阿仁《あに》川のそのまた支流の小又《こまた》川を遡《さかのぼ》ったところに「湯ノ沢」という温泉があり、一軒宿が湯煙りをあげているという。

このあたりは、クマが多く棲《す》み、阿仁川の流域には狩猟を業とするマタギの集落が点在している。もちろん豪雪地帯で、四メートルも積るそうだ。

流行語をかりれば「究極の僻地《へきち》」だが、道は除雪され、冬期もバスが温泉入口の「湯《ゆ》ノ岱《たい》」まで通じている。

その湯ノ沢温泉を訪れるべく、一月一〇日（昭和六三年）、日曜日。上野発22時00分の寝台特急「あけぼの3号」に乗った。奥羽本線経由の青森行である。

寝台車の一夜が明けると、雪が降りしきっている。横なぐりの粉雪だ。まだ積雪は少ないが、一気に雪不足を解消しそうな降りかたである。

今年は暖冬で、雪が少なく、正月のスキー場は滑れないゲレンデが続出し、惨憺《さんたん》たる状態だったという。私も、豪雪地帯へ行こうというのに雪が少なくては張り合いがないではないか、と嘆いていたのだが、出発の前日から本格的な冬型の気圧配置となり、「日本海側は大雪」との予報がでた。その予報どおりに雪が降りつのっている。天候に関するかぎり、私は運に恵まれているようだ。

秋田着7時00分。いっせいに客が下車して、1号車のA寝台の客は私一人だけになった。

雪のホームで買った駅弁を食べながら、窓外を眺《なが》める。淡い墨絵のような色のない風景である。

東能代《ひがしのしろ》で進行方向を東に変え、米代川沿いとなって、8時46分、鷹《たか》ノ巣《す》に着いた。

鷹ノ巣で「秋田内陸縦貫鉄道北《きた》線」に乗りかえる。旧国鉄の阿仁合《あにあい》線である。東北地方の人たちは鉄道への愛着が強いのか、廃止指定を受けた国鉄ローカル線の大半を第三セクター方式で存続させている。阿仁合線など、とくに経営の困難が予想されたのに、よくぞ引取ってくれたものだと思う。しかも、旧角館《かくのだて》線の「南線」を結ぶ大覚野《だいかくの》峠越えの新線を建設し、角館—鷹ノ巣間九五キロの大縦貫鉄道を完成させようとしているのだから、気宇壮大だ。

鷹ノ巣発9時12分。国鉄の中古ディーゼルカーだが、外装は赤いストライプの派手なものになっている。

三〇分ほど乗って、米内沢《よないざわ》で下車する。

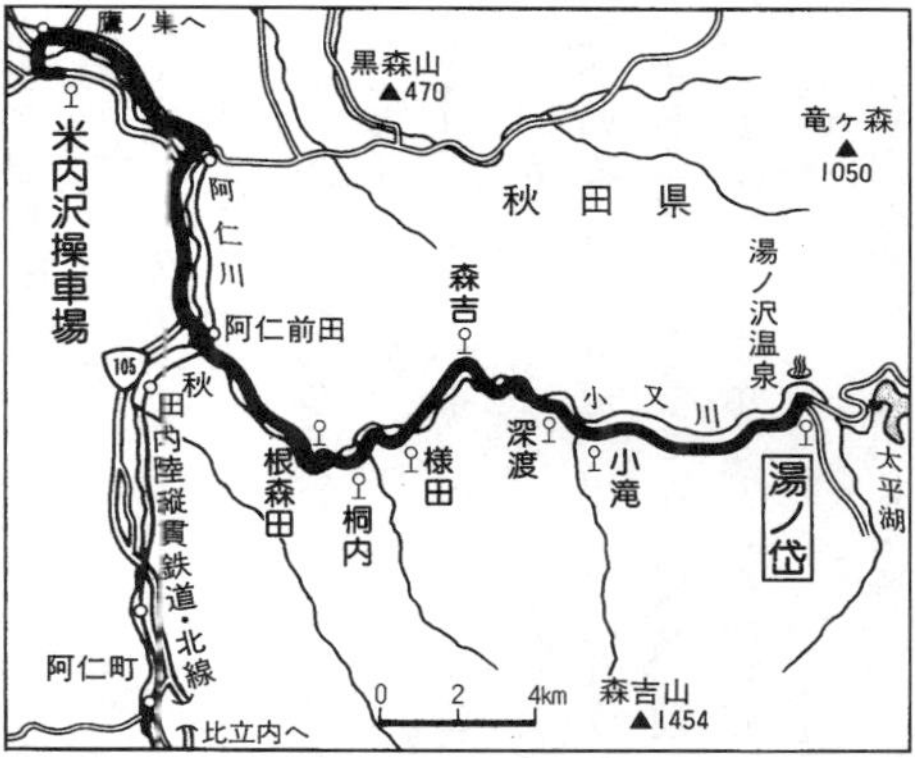

「浜辺の歌の作曲者・成田為三生誕地」の立札がホームにある。ここは、湯ノ沢温泉を含む広大な森吉《もりよし》町の中心集落で、役場があり、湯ノ岱行のバスの起点も米内沢である。もっとも、バスは鉄道沿いに南下し、阿仁前田駅に立寄ってから小又川の谷へと入るので、米内沢で下車せず、阿仁前田でバスに乗継いでもよい。

いずれにせよ、つぎの湯ノ岱行のバスは米内沢発11時35分（阿仁前田駅前通過は12時02分）で、まだ九時半だから、たっぷり時間がある。それで、役場に立寄り、森吉町の現況をたずねてみようと、米内沢で下車したのであった。

米内沢駅は集落から離れており、阿仁川の対岸にあって、役場まで二キロもある。吹雪なので、歩くのは難儀だ。

タクシー乗場に、お婆《ばあ》さんが一人、車が来るのを待っている。が、車はやって来ない。吹雪で、タクシーが忙しいのだろう。

ようやく雪煙りのなかからタクシーが一台現れた。お婆さんが乗りこむ。つぎのタクシーは、いつ来るのだろう。

と、運転手が私を招く。相乗りである。これはありがたい。

お婆さんに、どちらまでとたずねる。

「サトウスカ」

と聞えた。

阿仁川に架かる橋を渡り、米内沢の集落に入る。江戸時代の米内沢は、物資の集散地として栄えたという。上流からはスギ材や阿仁銅山の粗銅、下流からは食糧などが舟に積まれて、ここへ集ったからである。その後、鉄道の開通によってさびれたそうだが、ガソリンスタンドやスーパーがいくつもあり、賑《にぎ》やかそうに見えた。二本の国道の合流点なので、舟↓鉄道↓車へと時代が移って、ふたたび活況を取戻したのかもしれない。

「佐藤歯科」でお婆さんが降り、運転手の指示によって私に三〇〇円を渡す。メーターは「五七〇円」を示していたから、良心的な相乗り料金である。


森吉町役場は、意外にも賑わっていた。

このローカルバス・シリーズで訪れるような役場は、概して閑散としているのだが、この役場は騒がしいほど活気にあふれ、席から立上って議論する職員もいる。来客も多く、受付嬢も忙しそうである。

応対してくれたのは、観光係長の北林芳忠さんであった。

この役場、ずいぶんお忙しそうですね、と問う。

「ダムなんですよ」

なるほど、中央の助役席の前に「ダム対策室」の札が天井から下り、そのあたりが、とくに賑わしい。

「森吉山《もりよしざん》ダムと言いましてね、小又川を堰《せ》きとめるのです。なにしろ一四一戸が水没するのですから……」

と北林さんが地図を開く。なんと、これから私が行こうとしている小又川の中流部分がダム湖になってしまうという大規模な計画である。上流の湯ノ岱や湯ノ沢までは及んでいないが、流域の大半の集落は水没する予定になっている。

ここもまたダムかと思う。水洗便所などで水をムダ使いしている都会の人間が、ダムによる自然破壊を嘆くのは身勝手だろうけれど、いまや山峡に分け入れば、かならずダム湖やダム建設予定地に遭遇する。激流が岩を嚙《か》む景勝地は、ほとんど消滅してしまった。

しかし、森吉町としては、そうした大ダム建設を前提として町づくりを考えなければならない。町の人口は漸減《ぜんげん》し、昭和六〇年には一万人の大台を割ってしまっている。

「観光地としての開発ですね。それをやらねばなりません」

と北林さんは言う。これまた、どこでも聞かされる抱負だが、森吉町の場合は、できるだけ自然を保存し、「自然満喫型」を第一としたいとのこと。そして、春・夏・秋だけでなく冬期を含む「通年観光」を目指すという。

まず手始めは、小又川の南に聳《そび》える森吉山のスキー場で、長さ二一八〇メートルに及ぶ日本一の大リフトを設け、一カ月前にオープンした。

「おかげさまで利用者は多いです。他のスキー場が雪不足なので、こちらへ回ってくるお客さんがたくさんありまして」

北国の人にとっては雪は迷惑千万なはずなのだが、スキー場の普及によって積雪を願う自治体が多くなった。もちろん、一部の町村や業者だけのことではあろうけれど。

湯ノ岱へのバスは阿仁前田から乗ることにし、タクシーを呼んで米内沢駅へ戻る。雪は降りつづいている。

ふたたび秋田内陸縦貫鉄道で米内沢発11時14分。吹雪にけぶる阿仁川を右窓に眺めながら11時32分、阿仁前田着。

駅前の食堂に飛びこんで、ラーメンを食べ、12時02分のバスを待つ。雑貨店の軒下をかりて立っているのだが、横なぐりの雪で、たちまち肩が真っ白になる。

バスは一〇分ほど遅れてやって来た。吹雪のせいであろう。

車内は混《こ》んでいて、席はふさがり、立っている客も多かった。この時間帯のローカルバスに乗ると、おばさんや老人が五人か一〇人程度という閑散ぶりが常なのだが、夕方の通勤通学時のように満員である。私は通路の客をかき分け、運転席のうしろの握り棒につかまった。

バスは国道から左折し、小又川に沿う道へ入った。

とたんに、道が定かでなくなった。

幅二、三メートルの平坦《へいたん》な雪原の帯がつづき、道路だとはわかるのだが、ガードレールがあるのか、ないのか、どこが路肩なのかは雪に埋もれて判然としない。これでは、はじめてのドライバーなど立往生してしまいそうな「道」である。

フロントグラスのワイパーは、吹きつける雪を精一杯かき分け、そこだけは前方が見えるが、左右の窓は雪がこびりついて、ほとんど外は見えない。右側を流れているはずの小又川も、見ることができない。ただ、川の曲流に従って道がカーブするときのみ、フロントグラスの向うに川面《かわも》が現れる。岸辺を氷片が埋め、河中の石が雪の帽子をのせている。

風がひと吹きすると、地表の雪が舞い上って視界がかすむ。年配の運転手は速度を落とし、体を乗りだして前方を凝視する。この雪煙りのなかから対向車が朧《おぼ》ろに姿を現す。吹雪にめぐり合ってこそ豪雪地帯を旅する甲斐《かい》がある、などと思っていたのだが、これでは雲中飛行とおなじではないか。

ところどころに集落があり、バスが停車すると、二人三人と客が吹雪のなかへ降り立っていく。地図によれば、集落は道より一段高い段丘の上や、小又川の対岸にあるので、バス停だけがポツンと路傍にある。

根森田《ねもりだ》というバス停で、最前部の席があき、そこへ坐《すわ》る。

両側の山が迫り、峡谷になった。バスは崖《がけ》っぷちの際《きわ》どいところを行く。役場の北林さんから頂戴《ちょうだい》した「森吉山ダム概要図」によれば、ここに高さ九〇メートル、幅六五一メートルのロックフィルダムが築かれるはずである。

細い橋を渡って、小又川の左岸（南岸）へ移ると、道の両側がやや開けた気配になり、桐内《きりない》集落を過ぎる。ダムの資料には「一八戸」とある。ここからが水没する地域で、姫《ひめ》ケ岱《たい》（七戸）、様田《さまだ》（一八戸）、向様田《むこうさまだ》（一二戸）、惣瀬《そうぜ》（一七戸）と、小さな集落がつづく。様田は森吉山スキー場への入口である。

12時40分、森吉の集落に入る。小又川流域の中心集落で、五一戸もある。ここも全戸が水没してしまうのだ。

森吉だけは家並のなかをバスが通る。両側の家々は軒下に木柵《もくさく》を組んでいる。屋根から落ちて堆積《たいせき》した雪が扉《とびら》や窓ガラスを破るので、それを防ぐためである。

客の半数以上が森吉で下車し、代って小学生らしい女の子が三人、鼻水をすすりながら乗ってきた。色白の顔の頰《ほお》だけが赤い。

雪はますます吹きつのり、小又川の谷が狭《せば》まってきた。鷲《わし》ノ瀬《せ》（七戸）、砕淵《じゃきぶち》（五戸）、深渡《ふかわたり》（一一戸）を過ぎる。ここまでが水没する集落である。しかし、この先の水没を免《まぬか》れる集落は小滝《こたき》、女木内《おなぎない》、湯ノ岱、平田のみで、計三七戸しかない。

バス停ごとに一人二人と降りて、残る客は私を含めて四人となり、13時10分、終点の湯ノ岱に着いた。約一五分の遅れだが、そんなことは問題ではない。この吹雪のなかを走り通したバスに敬意を表すべきだろう。

「この雪が降りつづいたら、あしたのバスは運休になりますか」

と、初老の運転手に私はたずねた。雪の山奥に閉じこめられたのでは、やりきれない。

「大丈夫ス。除雪スから」

と運転手は笑いながら答えた。

さて、湯ノ沢温泉への道であるが、わずか一キロたらずとはいえ、吹雪のなかである。帽子をかぶり、手袋をはめ、雪靴《ゆきぐつ》にズボンの裾《すそ》をたぐりこんで、雪中行進の覚悟を決めていると、ライトバンが近づいてきて、精悍《せいかん》な顔つきの男性が、「杣《そま》温泉にお泊りですか」と言った。「小学校の娘を迎えに来たのですが、もしやお客さんかと思いまして」とのこと。杣温泉とは湯ノ沢温泉のことである。一軒宿の経営者が杣正則さんなので、そうも呼ばれている。杣氏は南部藩の相馬《そうま》氏が転じたともいう。

「役場から借りたブルドーザーで、けさ除雪したばかりですが、このとおり、もう三〇センチも積ってしまいましたなあ」

と言う杣さんのライトバンで、難なく湯ノ沢温泉の杣旅館に着く。

ところで、まだ午後一時半である。春から秋への行楽シーズンならば、小又川上流のダム湖の太平湖《たいへいこ》や景勝地の小又峡を散策できるのだが、この吹雪では宿の外へ出ることもできない。クマを飼っていると聞いていたので、それを見たいと思ったが、トタンで囲ったネグラで冬眠中だという。

とにかく、温泉に入る。無色無臭の清澄《せいちょう》な湯である。風呂《ふろ》から上っても、することがない。帳場に掲げられたイワナやヤマメの魚拓や、この地域に住む珍鳥クマゲラ（キツツキの一種）の剝製《はくせい》を見るしかない。

また風呂に入る。それから部屋のテレビに一〇〇円玉を入れて大相撲を見る。私は相撲が大好きだが、十両からの取組を見るのは、めったにない。軒の雪がドドンと落ちる。

三回目の風呂に入って部屋に戻ると、夕食の膳《ぜん》が運ばれてきた。ナメコおろし、ナマコ酢、山菜の盛合せ、鯉《こい》の煮つけ、鶏のフライ、マグロの刺身、カモ鍋《なべ》が並ぶ。以上で一泊二食四五〇〇円（税、サービス料別）だが、「特別料理を」と注文したので、大きな鮎《あゆ》一匹と小さなイワナ二匹の塩焼きが加わる。

とても食べきれまいと、盛りだくさんな膳を眺めていたが、地酒をたのしみながら、二時間をかけるうちに、ほとんど平らげてしまった。一般の日本旅館では、一時間もすると「もうおすみですか」と片づけにかかるのだが、この宿はそんなことはない。

満腹して、のけぞりながらテレビを見ていると、ようやくおかみさんが現れ、「きょうはお客さん一人だけです」と言いながら床をのべる。

その夜は、幾度も眼を覚ました。屋根の雪が落ちるからである。その落ちかたは尋常でない。

まず、ザザザと音がして柱や床が揺れる。それからドド、ドーンと大きく響く。私は空襲を思い出した。

川《かわ》代《しろ》（岩手県宮古《みやこ》市）

陸中海岸の宮古《みやこ》以南は典型的なリアス式海岸で、大小無数の半島と溺《おぼ》れ谷の湾とが交互に並んでいる。

そのうち、いちばん大きい半島が宮古に近い重茂《おもえ》半島で、ずんぐりした陸塊を太平洋に向って突き出している。魹《とど》ヶ崎は本州最東端で東経一四二度〇四分三五秒、灯台がある。

半島が大きいため、外海に面した漁村は交通が不便で、陸の孤島であった。道路が整備され、バスが通じるようになったのは昭和二九年である。

この重茂半島の漁村のうち、南のはずれにあるのが川代《かわしろ》で、宮古からバスで一時間四〇分。

川代は、わずか一五戸の小漁村で、かつてはバスは約八キロ手前の石浜までしか通じていなかった。ところが、五年前に川代の分校が廃止になり、小学生は石浜の先の千鶏《ちけい》へ、中学生はさらにその先の館《たて》（重茂の中心地）まで通わねばならなくなった。それで、通学用として川代まで岩手県北バスが運行されるようになったのである。だから日曜、祝日、夏休みなどは石浜―川代間は運休になる。
その川代へ行ってみようと思う。

今年の夏は天候不順で雨が多く、九月に入っても雨ばかり降っている。九月六日(火)の朝から行こうと考えていたが北日本は雨との予報で延期、七日も延期。八日は天気が回復するが、意地のわるいことに岩手県だけが雨の予報。雨男の写真の郷司さんが六日から八日までの予定で取材中だから仕方ないのだろう。

これ以上は延期できないので、九月八日(昭和六三年)、木曜日。上野発7時52分の東北新幹線で出発した。仙台のみ停車の「スーパーやまびこ」である。

福島を通過するあたりから薄日がさしてきた。仙台を過ぎ、雨の予報の岩手県に入っても青空がのぞいている。盛岡着10時24分。

盛岡駅前発10時40分の宮古行「106急行バス」に乗る。盛岡から宮古、陸中山田を経て釜石《かまいし》までJR山田線が通じているが、運転本数が少なく、時間もかかるので、急行バスには敵《かな》わない。残念ながら今回はバスを利用せざるをえない。

リクライニング・シートにテレビつきの大型バスは国道106号線を快走しながら上りにかかり、北上山地に入って高原の気が漂う区界《くざかい》峠を越える。牧草地に陽《ひ》がさしている。

ところが、宮古へと流れ出る閉《へ》伊川に沿って下るうちに黒い雲が頭上を被《おお》い、雨が降りはじめた。おなじ岩手県でも海岸部は雨が多いという。

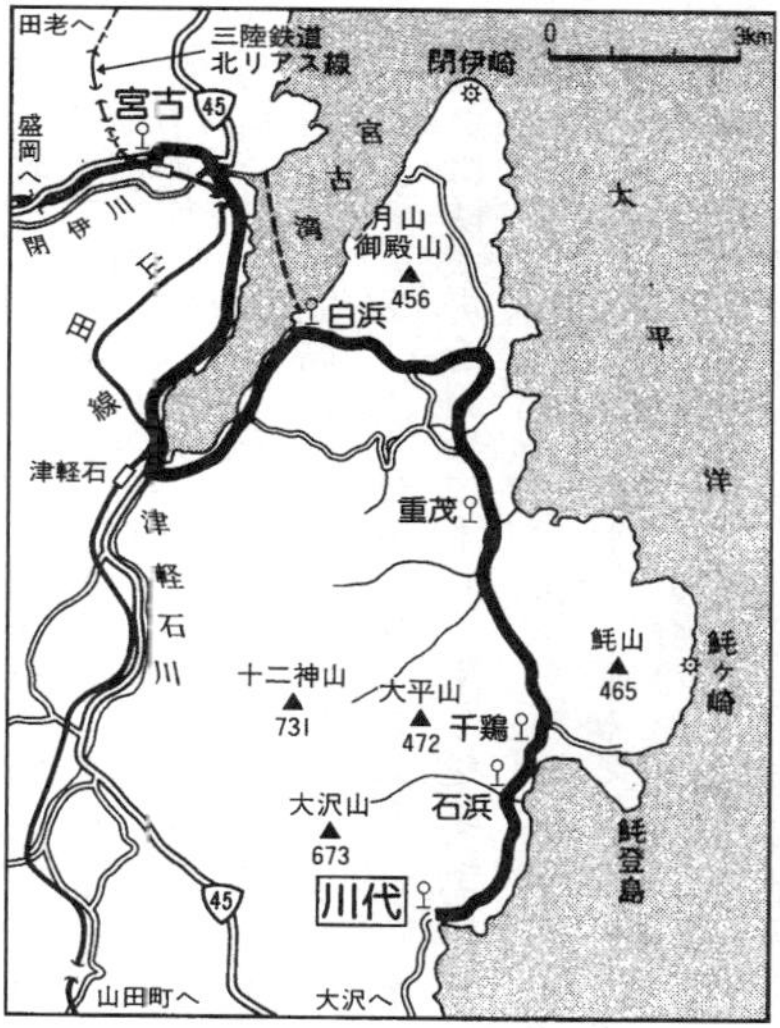

雨の宮古駅前に12時50分着。食堂で大急ぎのウドンを食べ、13時10分発の川代行に乗る。宮古から川代へ直通するバスは、これと15時30分発の二本のみである。

海産物問屋の多い宮古の目貫《めぬき》通りを抜け、右折して閉伊川の河口に架かる橋を渡ると新しく造成された港湾地区で、バスは広い国道45号線を南下する。港には太い丸太が積まれている。木材輸入専用の埠頭《ふとう》で、カナダなどから運ばれてくるという。

リアス式ならではの深く切れこんだ宮古湾の西岸に沿って走る。対岸は重茂半島で、雨にけぶっているが、湾の幅は狭いところで一キロぐらいしかない。

一〇分ほどで宮古湾の奥に達すると津軽石《つがるいし》川の河口で、豊かな水がヨシの河原を流れている。鼻曲り鮭《ざけ》の漁獲量の多いことで知られる川だ。

バスは左折して国道45号線から分れ、津軽石川を渡り、また左折して、こんどは逆戻りするように北北東へ向う。リアス式海岸の道は曲りくどい。

高さ七、八メートルもあろうかという巨大な堤防が現れた。波静かな入江の宮古湾には不釣合《ふつりあい》に見える大堤防だが、これは津波対策の「防浪堤」である。

陸中海岸は津波の災害を受けてきた地域で、近海の地震ばかりでなく、地球の裏側のチリ地震でも大きな被害に見舞われている。それは主としてリアス式という地形によるのであって、波高三メートルの津波でも、ラッパ状に開いた湾内に進入すると、押し狭《せば》められて一〇メートルにも達するからだ。

バスは防浪堤を斜めに上り、乗り越えて宮古湾の東岸に出る。ここからは細い県道で、海岸に張りついて右へ左へ曲る。浜辺では漁船や漁網をかすめ、岬《みさき》では岩に根を下ろしたアカマツの枝が窓に触れそうになる。すぐ眼の前の対岸は、二〇分前に通った国道45号線で、行き交うトラックが雨のかすみの向うに見える。

宮古から三五分、白浜に着く。城壁のような高い防浪堤が築かれていて、集落から海は見えない。目隠しをされたようで、鬱陶《うっとう》しいことだろう。

防浪堤の外側には小さな桟橋《さんばし》がある。宮古への巡航船の舟着場で、高校生は船で宮古へ通うのだそうだ。遠回りのバスは三五分もかかるが、船ならば一五分である。

白浜で海岸と別れ、東へ進路を変えて重茂半島の横断にかかる。アカマツが多い。重茂はマツタケの産地である。

標高二一〇メートルの白浜峠を越える。昭和三〇年に宮古市に合併されるまでは、ここから東は「重茂村」であった。

外海へ向って下る途中に小角柄《こづのがら》という集落がある。白浜にくらべると家々が新しい。耕地はないのに、なぜこんな高い位置に集落が形成されたのだろうか。どの家にも砂利を敷きつめたコンブ干し場がある。海からここまで運び上げるのは手間がかかるだろうに。

前方に断崖《だんがい》の岬が霞《かす》んで見えた。いよいよ外海である。音部《おとべ》港に下る。港湾施設は整い、防浪堤もあるが、海岸に建ち並ぶのは倉庫や冷凍工場などで民家はない。

ようやく陸中海岸らしい断崖の見えるところまで来たが、バスはぐるりと方向を変え、また山間への上りにかかり、たちまち海は視界から消えてしまう。鉄道にくらべればバスのほうが海岸美を眺《なが》めるのに適しているのだが、リアス式の陸中海岸では無理なようだ。地図を見ても、この先の道は山中ばかりで、海に近いところを走るのは千鶏《ちけい》以南である。それとて断崖から少し離れた高みを巻いているので、どれだけ絶景に接しられるか覚束《おぼつか》ない。写真担当の郷司さんは苦労するだろうなと思う。しかも連日の雨である。

海は見えず、コンブ干し場の砂利が空《むな》しく雨に濡《ぬ》れているのを眺めるうちに、14時05分、重茂漁協前に着いた。旧重茂村の中心で、人家も多く、宮古市役所の出張所もある。私はここで下車した。目指す川代へは二時間余後のつぎのバスに乗ればよい。

旧重茂村の中心だから公共施設が揃《そろ》っており、スーパーやガソリンスタンドもあるが、いちばん立派な建物は漁協である。

それにしても、ここは海岸から離れており、しかも標高八〇メートルの高みにある。漁協の建物がこんなところにあるのは珍しい。海岸にあるのが普通だろう。

傘《かさ》をさして漁協の上手にある役場の出張所を訪ねる。公民館を兼ねた古い木造平屋の一隅《いちぐう》で、所長の木村善一さんと佐藤キミエさんが机に向っていた。

漁協の位置の謎《なぞ》について訊《たず》ねてみる。

「津波ですよ」

それでわかった。かつては村役場も網元の家も民家も、この下の入江の「里」というところにあった。それが昭和八年の大津波で流失し、ここへ引越したのだという。

「津波にやられますとね、浜から高いところへ移るのですが、それでは不便なので、だんだん浜へ下りていくのです。すると、また津波に見舞われる、それをくりかえしてきたようです。いまはどの家にも車がありますので、コンブを背負って浜から上ってくる苦労はなくなりましたが」

と木村さんは言った。

重茂の漁業はコンブのほか、ワカメ、アワビ、ウニ、サケで、サケは沖で獲《と》るが、重茂川にも一万尾程度が上るという。農業は微々たるものだが、マツタケはよく獲《と》れるとのこと。

その他いろいろ話をうかがってから、神楽面《かぐらめん》つくりの西館《にしだて》利夫さんを訪ねる。八五歳だが若々しく、ハイカラな感じの人であった。

西館さんは盛岡の工業高校を卒業して陸軍航空隊の整備員になり、戦後、木工所や下《げ》駄《た》工場を転々とするうちに神楽面を彫るようになった人で、いまでは全国から注文がくるという。

「能面を彫りたいのですがねえ、やはり縁起のいい恵比寿《えびす》や大黒の注文が多いですね」

あいにく引越準備のため、面は梱包《こんぽう》されて見ることはできなかった。

川代行のバスの時刻まで一時間ちかくあるので、小雨の集落を行きつ戻りつし、民家の裏庭に迷いこんだりする。挙動不審だが、学校帰りの子どもが「さようなら」と声をかけてくれる。

わずかな耕地に「重茂館遺跡」の細い木柱が立っている。説明板はないが、地名事典によると戦国時代の重茂氏の館跡《やかたあと》で、空濠《からぼり》がめぐらされていたという。

16時25分、川代行のバスが来た。一つ手前の中学校前から乗ったらしい生徒で満員である。見慣れぬ客が乗ってきたので、不思議そうに私を見ている。

バスはサケの遡行《そこう》する重茂川に沿う。細い川だが、連日の雨で水量は豊かだ。流れも早く、岸辺の木々の根を洗いながら下るさまは十和田湖の奥入瀬《おいらせ》渓流に似ている。あたりはスギやアカマツが鬱蒼《うつそう》と茂り、人家もなく、深山を行く思いがする。本州最東端の魹《とど》ヶ崎へと突き出た半島の基部を横断しているのである。

峠を越えて下りにかかると、姉吉《あねよし》に停車し、ようやく席が空いた。姉吉の集落は海岸寄りの離れたところにあるので、バス停付近には何もない。下車した生徒たちが集落への道を下って行く。

姉吉は陸中海岸のうちでも特に津波の災害の大きかったところで、明治二九年と昭和八年の大津波では全滅に近い被害を受けた。きょうは時間がないけれど、あしたはぜひ訪れたいと思う。

曲りくねった道を下りはじめると、突然、視界が開け、断崖のつらなりが見えた。いつのまにか雨はあがり、雲がまだらになっている。

千鶏《ちけい》で中学生がたくさん降り、代って小学生が数人乗る。この集落も港を見下ろす高い位置にある。

つぎの石浜の手前で崖《がけ》っぷちを走る箇所がある。地図を見てここは眺めがよさそうだと期待していたが、下を見下ろした私はゾッとした。崖崩れがあり、アカマツが二本、根こそぎ脚下三〇メートルの磯《いそ》に落ちている。露出した地肌《じはだ》の新しさから察するに、きのうか今日崩れたにちがいない。しかも、崖崩れの上端は県道の路肩の下まで抉《えぐ》っている。鉄道なら不通になるにちがいない。

石浜は高い斜面に家々が散在する集落で、バス停が三つもある。生徒がつぎつぎに下車し、残るは私を含めて七人になった。ここから終点の川代まで、もう集落はない。石浜から先の道は曲折の極みで、運転手はつねにハンドルを右か左に回しつづける。それでもかなりのスピードで走るから私は足を踏んばらねばならない。胃も揺り動かされてムカムカする。

道は断崖の上を巻いているのだが、木々が茂っているので海は見えない。わずかに樹間を通して太平洋の明るさが伝わってくるだけだ。眺望《ちょうぼう》がよいと聞いていた標高一八〇メートルの寒風《さむかぜ》峠も見晴しはきかなかった。木の丈が伸びたからであろうか。

曲りくねった道がようやく下りにかかると、前方が開け、断崖とアカマツの山に囲まれた川代の集落を見下ろす。ここもまた津波を避けて家々が山肌に点在している。

17時10分、終点の川代に着いた。一五戸しかない小漁村で、雑貨店一軒とて見当らない。降りた子どもたちは私のほうを怪訝《けげん》そうに振り返りながらわが家へと散って行く。民家から煙が上っている。軒下には薪《まき》が積んである。聞えるのは波と風の音だけである。

川代には宿がないので、今夜は石浜の民宿に泊ることにしている。

バスはすぐ折返す。これが最終だから乗らざるをえない。わずか三分の滞在で私は川代を後にした。他に客はなかった。

曲折した道を戻りながら年輩の運転手の横田直明さんと話す。重茂営業所勤務で、一日の運転距離は平均一三〇キロ。

「平地なら二〇〇キロぐらいですが、こんな道ですから」

と横田運転手は言った。

民宿石浜荘の前で臨時停車してもらい、玄関を入ると郷司さんがいる。雨ばかりなので滞在を延長したのだそうだ。「雨男が居坐《いすわ》っていては晴れませんな」とからかってから一浴して二人で夕食の膳《ぜん》に向う。

夕食は、大ざっぱにして豪快で、蒸しウニがどっさり、ホヤがうんざりするほどたくさん、イカ刺しのごときは食えども食えども鉢《はち》の底まで重なり合って尽きない。一泊二食四五〇〇円。

宿の前を小川が流れているので、サケが上るかとおかみさんに訊ねる。

「ええ、上りますよ。だけんど、川に上ったサケはうまくないで、食べやしません。子どもの遊び相手ですよ」

都会の人間には信じがたいような贅沢《ぜいたく》が、津波の村にはあるのだ。

翌日は快晴。郷司さんは張り切って未明に出かけたとのこと。

焼きサンマつきの朝食をすませ、7時26分発のバスに乗る。早起きのようだが、漁村ではこんな時間に出掛けるのは朝寝坊のほうに属する。

通学生とともに一〇分ほど乗って姉吉で下車。集落への道を下る。車の通れる簡易舗装の道だが、山からの水が流れて瀬のようになっている。ひさしぶりに晴れたのでセミが盛大に鳴いている。

一五分ばかり下ると姉吉の集落に入る。地図によれば標高は約六〇メートルで、浜までは一キロ以上ある。こんな不便な場所に家が集っているのは、言うまでもなく津浪を避けたからである。

通りがかったおじさんに、「昭和八年の大津波の頃《ころ》の人はいませんか」と訊ねた。これは無理な質問だろう。浜にあった集落は全滅し、わずかに生き残った人も五五年後の今日では亡《な》くなっている可能性が高い。

「わしら、あの津波のあとで姉吉に来た者だからなあ」

と、おじさんは思案してから川端ツルさんを紹介してくれた。

川端ツルさん、六七歳は縁側で日なたぼっこをしていた。

津波の話を聞くのは気がひけたが、ツルさんは意外に明るい表情で迎え入れてくれた。

昭和八年三月三日の早暁《そうぎょう》、ツルさんは重茂の高等小学校の小使室に泊っていた。それで難を免《まぬか》れたのである。夜半に地震があったのは覚えているという。

津波と聞かされて急いで姉吉に戻ると、浜にあった一一戸は跡形なく、「まっ平ら」だった。祖父母、母、五人のきょうだいが亡くなり、助かったのは父と漁に出ていた長兄だけだった……。

姉吉集落から浜への道を下りかけると、古びた自然石の碑があり、こう刻まれていた。

「高き住居は児孫の和楽
想《おも》へ惨禍の大津波
此処《ここ》より下に家を建てるな」

肘《ひじ》折《おり》温泉（山形県最上《もがみ》郡大蔵《おおくら》村）

肘折《ひじおり》温泉――。

名前に惹《ひ》かれる。昔、崖《がけ》から落ちて肘を折った老翁《ろうおう》が、この湯で傷を癒《いや》したというのが地名の由来だという。

場所は山形県で、月山《がっさん》を背後に控えた谷の奥にあり、手もとの県別旅行案内書には「かやぶきの古風な宿が建ち並んでおり、いかにも山の湯治場らしい静かなところ」と記してある。もとより雪の深いところにちがいないが、冬期でもバスが通じ、奥羽本線の新庄《しんじょう》から一時間一五分となっている。いまは冬。雪深い鄙《ひな》びた温泉につかりたい。

それで、編集部の秋田さんに、今回は肘折温泉、と伝えた。

「肘折ですか。あそこは、だいぶ開けたようで、はたして鄙びた温泉と言えますかどうか」

「……」

私の参照したガイドブックは情報が古いらしい。昭和四六年の発行である。

しばらくすると、秋田さんから電話がかかってきて、①バスの終点、②雪が深い、③

鄙びた温泉、の三条件をそなえたところとして、二、三の候補地をあげてくれた。

それぞれ食指が動かぬでもなかったが、

「やっぱり肘折にしますよ。名前が気に入っちゃったから」

と私は言った。名前に恋したというべきであろう。

恋のつき合いをさせられる写真担当の郷司正巳さんは気の毒だが、単身で先発し、三泊の取材を終えて帰ってきた。泊ったのは肘折ホテルで、別館は鉄筋四階建てだが、古いほうの本館は鄙びた木造で、自炊の湯治客もいるとのことであった。

私は同じ宿に泊ることにし、予約の電話をかけた。

「はい。お待ちしています」

瞬間の即答で、私の名も到着予定時刻も訊《たず》ねようとしない。よほど空《す》いているのであろう。二食つきの料金を問うと、

「別館ですと、八〇〇〇円から一万二〇〇〇〇円です」

案外高いなと思ったが、私は一万二〇〇〇円で頼む、と言った。このシリーズでは安い民宿にばかり泊ってきたので、今回は贅沢《ぜいたく》をしてみたかった。

相手の女性は、ちょっと絶句し、

「一万円ではどうでしょうか」

と言う。売り手が買い手を値切るとは妙だが、良心的な宿という感じが伝わってきた。

しかし私は、一万二〇〇〇円で、と言って電話を切った。

二月六日（昭和六二年）、金曜日。東北新幹線で福島着12時07分。奥羽本線の特急「つばさ9号」に乗継いで板谷峠を越え、米沢、山形を過ぎる。

窓外は雪景色だが、積雪は浅い。平年の半分ぐらいである。しかも、きょうは快晴で、駅舎や倉庫のツララから溶けた雪がしたたり落ちている。

車内販売のワゴンが通路を行き来する。東北地方、とくに奥羽本線の売り子たちは顔も気立てもよいと、当てにならない観察だが、そう思う。つい呼びとめて、コーヒーを注文する。

新庄着14時34分。暖冬とはいえ、東京よりは寒い。駅前の山形交通のバス待合室にストーブが燃えている。

待合室には新庄周辺のバス路線が掲げてあるが、白ペンキで消された路線が何本もある。鉄道と同様にバスのローカル線廃止も進んでいるのであろう。

待つほどもなく14時50分発の肘折行のバスがやってきた。二〇人くらいの客が乗りこむ。バスは新庄市内で小まめに停車し、そのたびに客が乗り、立つ人もでてきた。頬《ほお》かぶりをし、買物袋をさげたおばさんが多い。みんなゴム靴《ぐつ》をはいている。

金沢《かねざわ》という停留所で小学生の一群が乗り、賑《にぎ》やかになったが、二つ三つと停《とま》るうちに、たちまち下車してしまう。おばさんたちも降りはじめ、新庄の市街地を出はずれる頃《ころ》には、席が空いてきた。

バスは酒田へ通じる国道47号線を西へと走り、新庄から二五分の本合海《もとあいかい》で、国道から左に分れ、肘折への県道に入る。

ここで右窓に最上川が現れる。このあたりの最上川は大きく蛇行《だこう》しているので、どちらの方向が上流か下流かわかりにくい。


まもなく大蔵《おおくら》村に入り、清水《しみず》に着く。白壁のつくり酒屋があり、古風な商家が建ち並んでいる。昔へ戻ったような感じのする集落だ。清水は一五世紀後半からの城下町で、最上川舟運の中継権をあたえられて栄えたが、中継権を大石田に移されてからは衰退したという。

清水で、山形交通の制服を着た女性が乗り、運転手のうしろに立った。あとで訊ねて知ったのだが、清水——肘折間は道が険しく、冬期は雪崩《なだれ》の危険があるので添乗員が乗務するのである。

最上川を渡り、白須賀《しらすが》の集落に入る。カヤ葺《ぶ》きの屋根が多く、清水よりもさらに鄙びている。が、それとは対照的な赤やブルーのヤッケを着こんだ幼稚園児の一団が乗りこんできた。大声で泣きながら乗る男の子もいて、車内が一挙に賑やかになる。園児たちの小さな鞄《かばん》にはバスの定期券が下っている。

園児たちの乗車区間はごく短く、つぎのバス停から二人、三人と降りはじめる。どのバス停にも母親が迎えに来ているが、頬かぶりに半纏《はんてん》にモンペという格好だから、カラフルな服装の子どもとは別の人種のように見える。

子どもたちが全員下車し、静かになったバスは狭い谷へと分け入って行く。道が沿うのは最上川の支流の烏川《からす》（別名銅山川《どうざん》）で、この川の奥に肘折温泉がある。河中の岩が丸い雪の帽子を斜めにかぶっている。

バスは流れから離れ、山肌《やまはだ》を登りはじめた。地図を見ると、ここから肘折にかけては谷が険しい。それで尾根へと登るのであろう。

登るにつれて、雪が深くなってきた。一メートルを越えている。ふだんの年ならば三メートルにも達するにちがいない。見上げる急斜面にはナダレ防止の鉄柵《てっさく》が随所に設けられている。道路をコンクリートで被《おお》ったスノーシェルターも現れた。

ナダレの頻発《ひんぱつ》しそうな崖下に家が三軒あり、日蔭倉《ひかげくら》と地図に記されている。他に「倉」を付した地名がいくつもあり、いずれも崖っぷちだから「嵓《くら》」とおなじく岩の突き出たところという意味であろう。

日蔭倉を過ぎると、尾根に出る。幅の広い高原状の尾根だ。きれいに除雪されたなだらかな道をバスは行く。

平年ならば雪の壁に閉ざされて何も見えないだろうが、今年は視界がきく。烏川の深い谷の向うの稜線《りようせん》には葉を落とした雑木のシルエットが延々と並び、なかなかに雄大な眺望《ちようぼう》だ。私はシベリア鉄道のウラル山脈越えを思い出した。

人家はまったくなく、したがってバス停もない。つぎは肘折である。客は七、八人で、大きな風呂《ふろ》敷包《しきづつみ》を脇《わき》に置いた爺《じい》さんもいる。湯治に行くのであろう。

広い尾根を坦々《たんたん》と走ってきたバスが、下りにかかり、山肌を巻きはじめた。

バスは烏川の谷を見下ろす高い崖の上に出る。と、前方のやや開けた谷底に肘折温泉が現れた。一〇〇戸ぐらいはありそうな、かなり大きな集落で、中央に数軒のビル旅館が見える。

つづら折りの雪道を、バスは慎重にそろりそろりと下って温泉街に入った。とたんに道幅が狭くなる。しかも鉤《かぎ》の手に屈曲しているので、バスは角を曲るのが、やっとだ。

添乗の女性が私に「お泊りの旅館はどこですか」と訊ね、肘折ホテルならつぎで降りて下さいと言う。

「そこが終点ですか」

「いえ、終点はそのつぎの肘折待合所です」

「じゃあ、終点まで行きますよ」

もうどこで降りてもいいのだが、「終点」にこだわった。件《くだん》の女性は親切を無にされて怪訝《けげん》そうな顔をした。

その終点に着いたのが16時07分。わずか二分の遅れだからバスにしては正確だ。

細い温泉街をすこし戻る。さきほど高みから見下ろしたときはビル旅館が眼《め》に入ったが、道の両側は古びた木造の旅館ばかりで、湯治場の雰囲気《ふんいき》を漂わせている。旅館の名前も屋号と人名との列記、つまり「若松屋村井六助」「三浦屋半三郎」「亀屋半助」というようになっている。

肘折ホテルの玄関も湯治宿風のつくりで、「つたや」「柿崎金兵衛」「肘折ホテル」の三つの新旧の看板を掲げていた。

玄関を入ると湯治客用の本館で、その奥に別館があり、エレベーターで三階の一室に招じ入れられる。カーテンを開けると、烏川の河原と月山へとつづく雪の山なみが見えた。

なにはともあれ、温泉に入る。脱衣室は男女別になっているが、浴槽《よくそう》は男女混浴。ただし誰もいない。透明な湯が溢《あふ》れ出ていて、もったいない。

湯は肌にピリッときて、熱すぎると感じるが、我慢して身を沈めれば適温である。食塩泉だが重曹《じゅうそう》を含んでいるからであろう。効能は外傷とリューマチだという。

一浴して、湯治客はどこで自炊しているのかなと、本館をウロウロしていると、宿のご主人が現れた。

その主人の部屋でお茶を飲みながら話を聞く。

「お客さまが多いのは夏と紅葉の頃ですね。冬はダメです。湯治のお客も、いまは四、五人で、自炊のお客さまはいません」

「別館に男女別の新しい風呂があるのですが、冬は客が少ないので、その湯を雪を溶かすのに使っています」

あとで、湯治客の誰かと話したいのだが、と希望して、部屋に戻ると、夕食の膳《ぜん》が運ばれてきた。

料理の数の多いこと。メモしてきたので列記すると、
刺身（マグロ、イカ、赤貝）／イクラと山いも／コゴミの味噌合《みそあ》え／ワラビのおひたし／ナメコのおろし合え／ゼンマイの煮つけ／アユの塩焼き／山ウサギのミンチのダイコン煮込み／エビフライ／ズワイガニ（半匹分）／キノコとトリ肉の鍋／アサリの味噌汁
ほとんどが冷凍ものであるが、なんとか「一万二〇〇〇円」の宿泊料にふさわしい料理を並べようと努力した跡がうかがえる。が、いかにも多すぎるし、山奥の宿にふさわしくないものも並んでいる。「一万円ではどうでしょうか」と言われたとき、素直に従えばよかったと私は後悔した。

このうち、ただひとつ注目すべきは「山ウサギ」で、数人で組をなし、鉄砲でうつの

だそうだ。値は一羽二五〇〇円ぐらいだという。しかし、バスも通わず雪に閉ざされていた昔は貴重な蛋白源《たんぱくげん》だったろうが、味のほうは格別のことはない。珍らしいだけである。

山ウサギを試食したあと、半分も食べきれまいと思いながら逐次手をつけていったが、一時間もすると、ほとんど平らげてしまった。ご飯も茶漬《ちゃづけ》で一杯食べた。これほどの大食は久しぶりで、我ながら驚く。

満腹してのけ反っていると、湯治のお客さんがお待ちしていますと、帳場から電話がかかってきた。

本館の一室に年配の男性が三人も集まってくれたのに恐縮しながら、座談会の司会者のような気持になって挨拶《あいさつ》し、それぞれ自己紹介していただく。いずれも山形県の人で、

土門喜代雄さん　六五歳　農業　飽海《あくみ》郡遊佐《ゆざ》町

佐藤長一さん　四九歳　建築業　西村山郡西川町

鈴木光男さん　五五歳　農業　西村山郡西川町

佐藤さんと鈴木さんは連れである。

それぞれの事情を訊ねる。

土門さんは三〇年前のギックリ腰が六〇歳になって痛み出したという。四年前から毎年ここへ来ている。

佐藤さんは二〇年前に尾根から落ちて骨盤骨折。そのときから毎年湯治を欠かさない。鈴木さんは三〇年前、出稼《でかせ》ぎ先の黒部の関西電力のトンネルで右肩と首のつけ根に落石を受けた。最近になって痛みはじめたので、佐藤さんに誘われて今年はじめて来た。

三人とも外傷である。

湯治の効果については、土門さんも佐藤さんも、「たしかに効きます」と口を揃《そろ》えた。毎年、湯に入りはじめて三日目頃から患部や節々が痛み出すが、三、四日もすると痛みがとれ、快調になるのだそうだ。今年はじめてで、来てからまだ四日目の鈴木さんは、「たしかにきのうあたりから首や肩が痛くなってきたわ」と言いながら肯《うなず》いている。

湯治歴の古い佐藤さんによると、七、八年前に道路が改修されるまでは、清水で小型のバスに乗りかえたそうで、ナダレで不通になり、肘折に閉じこめられたこともあったという。

「冬はガラ空きだけんど、気候がよくなってくると本館は湯治の客でぎっしりで、畳一枚に一人か、いやそれ以上になるがなあ」

というような話も聞いて辞去する。

快い眠りに落ちたのに、たちまち地震で起こされる。テレビをつけて各地の震度などを見てから、さて寝ようとすると、また地震。二度目のほうが大きく、震源地が福島県沖だったため、テレビが東北地方向けの特別番組に切りかえられる。おなじ情報のくりかえしだが、つい見てしまう。眼が冴《さ》えて眠れなくなり、風呂へ行く。おばさんが二人、大声で地震の話をしながら入ってきた。

翌日も晴で暖かい。民家の屋根の雪がズリ落ちかかっている。ナダレの発生しそうな陽気だ。

朝食後、散歩に出る。肘折の名所は、烏川を一キロほど遡《さかのぼ》った地蔵倉という断崖《だんがい》に建てられた祠《ほこら》と、さらに一キロ上流の河原に湧《わ》く石抱《いしだき》温泉の露天風呂であるが、雪が深くて行けないという。温泉街をブラブラするしかない。

肘折のおもな源泉は二つあり、一つは肘折ホテルのすぐ前にある上の湯で、疵湯《きずゆ》とも呼ばれ、外傷に効く。もう一つは下の湯、別名疝気《せんき》の湯で、婦人病などに効くという。いずれも共同浴場がある。

手拭《てぬぐい》をさげて、まず上の湯に入る。入場無料で管理人はいない。入口が二つに分れているから男女別であろうが、どちらが男湯か女湯か、どこにも書いてない。両方の脱衣場を覗《のぞ》いてみたが、いずれも入浴者がいないので、向って左側のに入る。混浴ではなく、浴槽は二つに仕切られていた。

一浴して外に出ると、土地の人らしいおっさんが、反対側の入口でゴム靴を脱いでいる。どうやら私は女湯に入ったらしい。

上の湯の横の奥まったところに小さな朱の鳥居があり、「薬師神社」と彫られた石の碑が立っている。社殿は急斜面の上にあって、石段があるらしいのだが、雪に被われて定かでない。鳥居の脇の筒に、木の枝を一メートルばかりの長さに切った杖《つえ》が七、八本さしてあるが、杖があっても登れそうにないし、雪の上に足跡はない。神社参拝も冬期休業なのだろうか。

みやげもの店やカンジキを売る雑貨店を覗きながら歩き、下の湯にも入る。上の湯より小さな共同浴場だが、男女の別は明記されていた。泉質のちがいはわからなかった。するることがなくなったので、宿の勘定をすませ、10時35分発のバスに乗る。客は一〇人ぐらいであった。

バスは狭い温泉街の軒をかすめて、ゆっくりと走り出す。

旅館の玄関に立った女中さんがバスに向ってお辞儀をする。爺さんの客が立ち上って手を振る。逗留《とうりゅう》を終えての帰りなのであろう。

そんな情景が二つ三つとあって、肘折ホテルの玄関にさしかかる。あの大量の膳を運んできたおねえさんが立っている。ニコッと笑ったのと、別れぎわのせいもあって、なかなかの美人に見えた。

帝林社宅前《ていりんしゃたくまえ》（栃木県那須《なす》郡黒羽《くろばね》町）

私の部屋の壁には日本列島の小さな白地図が貼《は》ってあり、ミミズのような赤線があちこちに書きこんである。このローカルバス・シリーズで乗った路線である。すでに連載一七回、赤ミミズは全国に散らばり、ほどよい分布になっている。しかし、関東から東北地方南部にかけての広い地域は空白のままで、ここだけが無視されているように見える。無視しているわけではないのだが、基準に該当する路線を見つけにくいのだ。

その「基準」と理由は、つぎのごとくである。

①乗車時間が一時間以上であること。（短い路線では、あっけなくて物足りない）
②行先が有名観光地でないこと。（乗客が遊山《ゆさん》客ばかりではローカル色に接しにくい）
③年間を通じて運行される路線に限る。（理由は②と同じで、行楽シーズン中のみ運転のバスは都会からの登山客などが多い）
④私にとって未知の路線・終点であること。

さして厳しい基準ではないし、バス路線は無数にあるので選択に迷うほどだろうと思っていたのだが、意外にも難航している。読者から「わが村へのバスに乗れ」といったお手紙をいただくが、残念ながら一時間に満たぬ線が多い。

選挙区の定数問題ではないから、定員ゼロの地域があってもかまわないけれど、やはり関東北部から東北南部にかけての広大なブランクは気にかかる。

それで、今回はなんとしてもこの空白地帯へ行くぞ、と決心して物色するうちに西那《な》須野《すの》から黒羽町《くろばねまち》の雲巌寺《うんがんじ》へ行く東野《とうや》バスの路線が浮かび上ってきた。乗車時間は一時間〇五分で、辛くも基準をこえている。

黒羽は「おくのほそ道」行の芭蕉《ばしょう》が一三日も逗留《とうりゅう》した城下町で、縁《ゆかり》の史跡が多い。雲巌寺にも芭蕉は訪れ、一句を柱に書き残している。この寺は禅宗の四大道場とされる名《めい》刹《さつ》で、城跡から遠く離れた山間にあり、案内書の写真を見ると、杉木立のなかに威圧感のある山門がそびえている。

「ぜひここだというほどの魅力はないけれど、黒羽の雲巌寺まで行ってみましょうか」

と編集部の竹内正浩君に私は言った。

しばらくして、

「雲巌寺から先にも町営バスがあります。二〇分ぐらい奥まで行くようです。時刻はしらべてお知らせします」

との連絡があった。町営バスにも乗れるとは面白そうである。

四月二六日（昭和六三年）、水曜日。東北本線の鈍行電車で11時06分、西那須野に着き、東口に待機していた11時10分発の黒羽行のバスに乗る。とりあえずこのバスで黒羽の町まで行き、二、三の名所をめぐってから雲巌寺行に乗り継ぐつもりである。

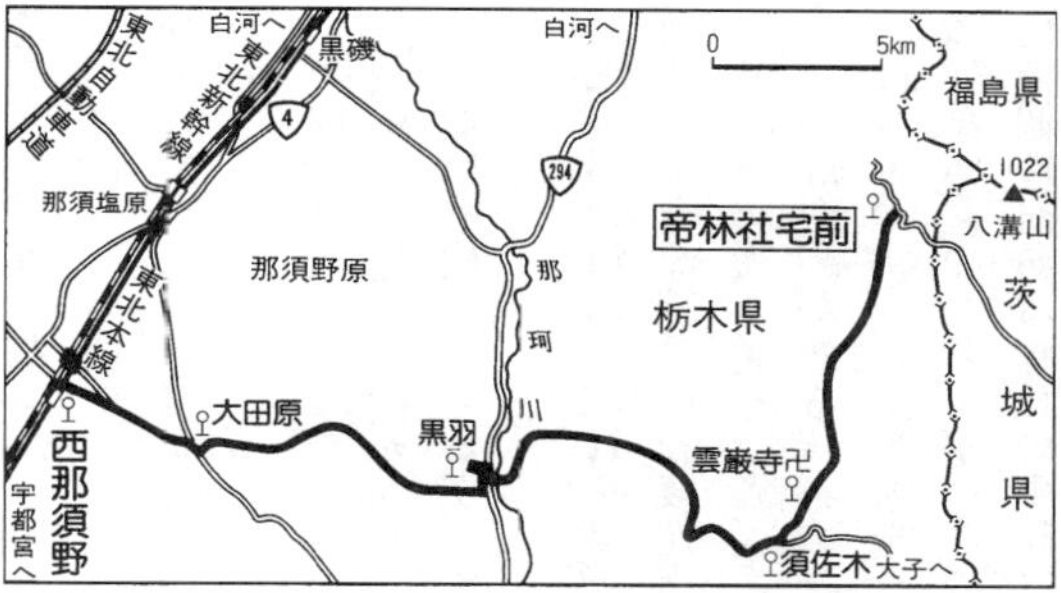

バスは那須野原を坦々《たんたん》と東へ向い、大田原《おおたわら》の市街地を抜けた。地形がゆるやかに起伏しはじめ、細い流れをつぎつぎに渡る。低地は水田で、民家は丘陵の裾《すそ》にある。あちこちに鯉《こい》のぼりが泳いでいる。田舎では男の子が生まれると鯉のぼりを祝いに贈るので、どの家も鯉の数が多い。竿《さお》を中心にして綱を何本も張り、二〇匹も吊《つ》るしている。

左に那須神社の茂みを見ると道が下りになり、那珂川《なかがわ》畔の黒羽の家並に入った。西那須野から三〇分である。

那珂川といえば鮎《あゆ》が名高いが、水量の多かった昔は水運に恵まれ、黒羽に集められた米穀類、酒、木材などが河口の水戸方面へと船で下った。上りは海産物や日用品を運んできた。

この那珂川をはさんで黒羽の町は二つに分かれ、西岸（右岸）が船着場を中心に商人が住んだ「向町《むこうまち》」、東岸が城や武家屋敷のあった「田町《たまち》」となっている。

バスは向町の商居街を北へ進み、町はずれのターミナルで停《とま》った。ここは西那須野とを結んでいた東野《とうや》鉄道の終着駅の跡地である。鉄道が廃止されたのは昭和四三年であった。

バスで来た通りをブラブラと引返す。蔵のある古いつくりの商家が点在している。魚屋の店先に水槽《すいそう》があり、「あいそ」という那珂川産の川魚が群れ泳いでいる。大きさや形は鮎に似ているが、色が黒く腹が赤い。今夜は黒羽に泊るので試食できそうだ。

那珂川の河原と流れを見下ろしながら、対岸の田町側へ渡る。こちらは川に沿って馬の背のような細長い丘陵が南へと伸びており、その東側に家並がある。

丘陵への遊歩道を上る。

まず灯台跡がある。石積みの立派なもので、舟運の盛んだった時代を偲《しの》ばせる。

桜並木の幅広い遊歩道を行くと、小学校がある。一般に小学校の建物は四角張って素っ気ないものが多いが、この黒羽小学校は広い敷地に三つの棟が離れて配置され、各棟には個性がある。丘の中腹にあるので眺《なが》めも環境もよい。

大雄寺《だいおう》への石段が現れたので、それを登る。大雄寺は黒羽藩主大関家の菩提寺《ぼだいじ》で歴史は古く、堂宇のすべてがカヤ葺《ぶ》き屋根である。「拝観料大人二百円」。誰もいないので無料で進入したが、気がひけたので同額を賽銭箱《さいせんばこ》に投げこむ。

大雄寺から、さらに遊歩道を行くと、左手に「桃雪邸跡」の道しるべがあり、それに従って細道を登る。ここは館代《かんだい》の浄法寺桃雪《じょうほうじとうせつ》の邸《やしき》のあったところで、黒羽に滞在中の芭蕉は二度訪れて歓待を受け、延べ五泊している。館代は城主代行という高い地位だから、立派な邸を構えていたにちがいない。が、いまはペンションが建っていて、飼犬が私に吠《ほ》える。「山も庭も動き入るるや夏坐敷」の句碑を見て急いで退散する。

きょうは気温が異常に高く、初夏のような陽気で、坂を登ると汗が出てくる。引返したくなったが、「城跡まで600メートル」の標識を見ると、脚が先へと向いてしまう。黒羽城は戦国時代に築かれたもので、空濠《からぼり》や土塁をめぐらしているが、石垣《いしがき》はない。実戦本位の設計のように見える。深い空濠を見下ろしていると、こんなところに追いこまれ、上から矢を射られるのは堪《たま》らんと思う。

本丸跡の土塁に立って、脚下の那珂川と那須野原を眺めてから町へ下り、役場の林務観光課を訪れる。どの地方の町村でもそうだが、観光には力を入れていて、黒羽町の場合もカラーのパンフレット、芭蕉句碑案内などが揃《そろ》っていた。応対してくれた斎藤悦子さんの話によると、A新聞に雲巌寺が大きく紹介されていらい、那須や塩原の帰途に立寄る客が増えたという。

さて雲巌寺行のバスであるが、一日五本の運転で、こんどのバスの役場前通過は13時35分、これに乗り損うと雲巌寺を見物する時間がなくなってしまう。斎藤さんとの話を早々に切り上げてバス停に立つ。

バスの乗車率は案外によく、二〇人くらい乗っていた。もっとも半数以上は女子高生で、あとは各地のローカルバスと同じく、買物帰りのおばさんと医院通いらしい老人であった。

黒羽から東は八溝《やみぞ》山地で、さして高い山はないが平地は少ない。わずかな段々田と小集落があるばかりだ。しかし、カヤ葺き屋根が点在し、春の花々が咲いていて、日本の山村ならではの眺めである。

小さな集落で一人二人と下車して客が半分に減り、人家がなくなって杉林のなかの唐《から》松《まつ》峠を越える。トンネルもなく、いつ越えたか気づかぬような低い峠だが、ここを境に風景はさらに鄙《ひな》びてきた。唐松峠以東も現在は黒羽町の町域であるが、昭和三〇年に合併される以前は須賀川《すかがわ》村であった。

その旧須賀川村の西の中心集落須佐木《すさき》に着くと、客は女子高生一人と私だけになった。あとで乗る予定の町営バスの起点は須佐木である。

ここから終点の雲巌寺まではすぐで、那珂川の支流の武茂《むも》川に沿う薄暗い杉木立の道を二、三分走ると着いてしまう。

広い駐車場、バス運転手の休憩室、雑貨店があり、観光地としての受け入れ態勢はととのっている。

だが、眼前の雲巌寺を仰げば、思わず威圧される。杉の巨木、武茂川の幽谷《ゆうこく》に架かる太鼓橋と石段、その向うに二層の銅葺屋根の堂々たる山門が俗界を寄せつけぬがごとく聳《そび》えている。背後は原生林のような大木群が急な山肌《やまはだ》を濃く被《おお》っている。禅寺だ、と思う。

襟《えり》を正す気分になって石段を上り、頭上を圧する山門をくぐる。

山腹を切り拓《ひら》いた境内には正面に仏殿、右に鐘楼、左に勅使門が配置され、いずれも屋根は銅葺きである。仏殿の奥には一段高く方丈、庫裡《くり》、禅堂、経蔵などが隠見し、どの建物も色彩を拒否して黒ずんでいる。勅使門があるのは、この寺を再興した仏国国師が後嵯峨《ごさが》天皇の第三皇子だったという由緒《ゆいしょ》によるのだろうか。

鐘楼の脇《わき》に立札があった。

「当寺は観光の場ではありません。信仰と修行の道場であります。断りなく堂内に入らないで下さい。御案内致しませんから自由に境内を御覧下さい」

境内の雰囲気《ふんいき》は厳しいが、ツツジ、ボタンなどの植込みはよく手入れされ、背後の山ではウグイスが鳴いていた。

一隅《いちぐう》に自然石に彫られた芭蕉の句碑がある。

「木啄《きつつき》も庵《いお》はやぶらず夏木立」

芭蕉が雲巌寺を訪れたのは元禄二年（一六八九）旧暦四月五日で、黒羽からの日帰りであった。

つぎに乗るのは黒羽町営バスである。起点は須佐木で武茂川を北へ遡《さかのぼ》り、八溝山の麓《ふもと》の帝林社宅前まで行く。終点に帝国造林という林業会社の社宅があるのだそうだ。

運転本数は朝一本、夕方二本で、日曜祝日は運休、土曜日は夕方の便が昼に繰り上る。通学生のためのバスなのだろう。

こんどの町営バスの雲巌寺前通過は16時15分で、一時間半も待たねばならない。それに、昼食の暇がなかったので腹がすいている。

私は須佐木まで歩いて戻ることにした。さきほど東野交通バスで須佐木を通り過ぎたとき、食堂が一軒あるのを確認しておいた。

武茂川の流れに沿う暗い杉木立の道を歩く。丸太を積んだトラックやマイカーが追い越して行く。道幅の狭いところがあり、道端に身を寄せねばならないから車が憎いが、須佐木までは二キロ弱で、ごく近い。まもなく民家や製材所が現れ、件《くだん》の食堂に着いた。

ラーメンしかできないというので、それを注文し、店のおばさんと雑談する。雲巌寺の評判はよいようで、

「近頃《ちかごろ》の寺は、葬式やいうと四〇万も五〇万も取るけんど、雲巌寺さんならお志しで結構言うて、五万ぐらい包めばよいのですわ」

とのこと。そして、

「あのお寺のご住職は一生独身を通しなさっとる」

とも言った。

時刻は午後三時半。ラーメンの量は多い。これを平らげると夕食に差しつかえるぞと自重していたのだが、おばさんの話を聞きながら時間をつぶしているうちに、全部食べてしまった。

須佐木には旅館が一軒ある。これが今回の最奥の宿泊施設で、泊りたかったのだが、出発前に電話したところ、道路工事関係の人たちで満室と断わられた。前々回の伊那谷でもそうだったが、山村は道路工事で辛くも潤《うるお》っているのだろうか。


帝林社宅前行の町営バスは定員二〇人くらいのマイクロで、車内は満席に近かった。客は老人と子どもが半々で、みんな顔見知り同士なのであろう、賑《にぎ》やかに話し合い、騒ぎ合っている。私は、よその親類縁者の集りに紛れこんだような気分になった。乗客たちも、思いがけぬ異邦人の闖入《ちんにゅう》に驚いたのか、一瞬、笑い声が跡切《とぎ》れた。が、つぎの瞬間、子どもたちが「こんにちは」と私に声をかけ、老人の一人が「どうぞ」と空席を指さしてくれた。きょうは須佐木で老人会の集りがあったとのこと。子どもたちは保育所からの帰りである。

賑やかなマイクロバスは発車した。運転するのは怖い顔つきのおっさんだ。町営バスだから役場の総務課所属の公務員のはずである。

運転席のうしろの貼紙に、「このバスは回数券か定期券で利用していただくことになっております」とあり、困ったなと思ったが、そのあとに「やむをえず現金で支払う場合は釣銭《つりせん》のないように」と付記してある。財布をあけてみると、さいわい百円玉や一〇円玉がたくさんあった。

マイクロバスは乗用車のようなスピードで走る。たちまち雲巌寺前を過ぎ、武茂川沿いの道を北へ向う。

狭い段丘がつづき、水田や茶畑がある。

まとまった集落はないが、民家は絶えることなく点在し、鯉のぼりを上げている。ところどころにバス停があるが、それとは無関係にどこでも停る。運転手は乗客の家の所在をすべて承知しているらしい。客が話に夢中になっていると、「××さん、ここだよ」と声をかける。

子どもたちが降りる。モンペをはいた母親が迎えに来ている。

黒羽の城址《じょうし》公園のサクラは散り果てていたが、標高三〇〇メートルのこのあたりは満開である。

流れが細まるにつれて、段丘は狭《せば》まり、うす暗い杉山の沢を遡るようになった。客も数人に減った。それでも民家はあり、庭先で婆《ばあ》さんが薪《まき》を割っている。杉木立の下にシイタケのホダ木が積んである。

「しもうた！」

と運転手が客席を振り返る。老人を一人降ろすのを忘れたのである。

「すまんなあ、引返すときに降りてくれな」

と言う。

16時30分、終点の帝林社宅前に着いた。須佐木からの約一五キロを二〇分で走ったわけで、バスとしては非常に速い。

着いたとたんに運転手は素早いハンドルさばきで向きをかえ、すぐ走りだした。だから、どんな終点かはわからない。木造の長屋が一棟あるだけのようだったが。

浮《うき》島《しま》（茨城県稲敷郡桜川村）

東京からわずか七〇キロの近いところに日本第二位の面積を有する霞《かすみ》ケ浦《うら》という大きな湖沼《こしょう》があるのに、あらたまって訪れたことがない。常磐線《じょうばんせん》に乗ったときに、土浦付近の車窓からその片鱗《へんりん》を一瞥《いちべつ》する程度であった。茫洋《ぼうよう》とした湖沼で、沿岸の風景は平凡、名勝に乏しいからだろうと思う。

しかし、霞ケ浦をないがしろにするのは申しわけないな、という気持はあった。それで、編集部の竹内君に「霞ケ浦のあたりで、どこか適当な路線はありませんかな」と言った。

「浮島はどうでしょうか。霞ケ浦の西岸で、土浦からバスで一時間の終点です」との返事がくるまでに何日もかかったから、選定に苦労したにちがいない。しかし、送られてきた資料を見ると、おもしろそうなところである。

浮島は、その名のとおり島であったが、昭和になって干拓工事がすすめられ、戦後に陸続きになったという。だから「バスの終点」になるわけだが、いまでも「島」の面影《おもかげ》は残っているらしい。
浮島の主産業は稲作であるが、近時はレンコンの栽培がさかんだという。いまはハスの花が咲きはじめる季節なので、あの大輪の花を見ることができるだろう。これは楽しみである。漁業も小規模ながらおこなわれており、ワカサギ、小エビ、ハゼなどが獲《と》れる由《よし》。

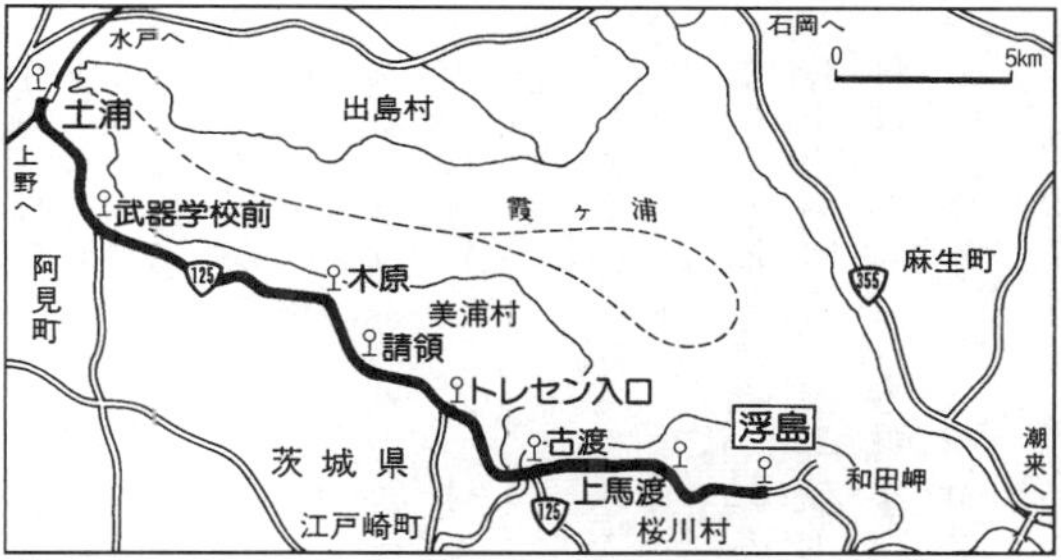

それだけならば大したことはないが、浮島とその周辺は史跡に富んでいる。古代では景行《けいこう》天皇が東国巡幸の際、浮島に滞在したと『常陸《ひたち》風土記』にあり、中世では保元の乱で敗れた藤原教長《ふじわらのりなが》が浮島に流されている。また、東国進出を図った南朝方の北畠親房《きたばたけちかふさ》が嵐《あらし》に遭って漂着し、浮島のすぐ西に砦《とりで》を築いたりしている。なかなかに由緒《ゆいしょ》のあるところで、浮島への興味が高まってきた。

暑い八月五日（昭和六二年）、水曜日。上野発12時00分の常磐線の特急で土浦着12時44分。浮島へのバスは土浦発8時30分、13時10分、18時00分の三本のみと竹内君から知らされていたので、13時10分発に乗ることにしたのであった。

土浦駅前のＪＲバス乗場で浮島行を待つ。

北風が強い。空き缶《かん》が音をたてて転げ回り、「祝甲子園出場　常総学院」の紙片が舞っている。「筑波《つくば》おろし」だろうか。暑さを忘れさせる強風で、バスを待つ老人や買物帰りの主婦が襟《えり》をすくめ、髪を抑えている。

浮島行のＪＲバスは五分前にやってきて、定刻13時10分に発車した。客は一四、五人である。私は最前列の席に坐《すわ》った。外を眺《なが》めるには最上の席だが、急ブレーキをかけると前の鉄棒に体をぶつけるので、「小さなお子さんは危険です。坐らせないで下さい」と書いてある。

常磐線のガードをくぐり、国道125号線を東南へ向う。市街地のはずれは自動車の修理工場や廃車置場などで雑然、殺伐としているが、左窓には水田やハス田もあり、その向うには霞ケ浦の水面が見える。岸辺には国民宿舎がポツンと建っている。

陸上自衛隊の武器学校前で停車。旧土浦海軍航空隊の跡地で、「七つ釦《ボタン》は桜に錨《いかり》」の予科練生が「今日も飛ぶ飛ぶ霞ケ浦の」と猛訓練を重ねたところである。私の小学校時代の同級生の一人も予科練から特攻隊員となり、戦死した。

右は台地と集落、左は水田とハス田の向うに霞ケ浦、という眺めがしばらくつづく。風が強いので、ハスの大きな葉が揺れ動いている。葉の表の濃い緑と裏の淡い緑とが交錯して二色の荒波のように見える。

木原《きはら》という集落で国道は右へ折れ、台地のなかに入る。あちこちにブルドーザーが蠢《しゅん》動《どう》し、のどかな台地を削って土を採取している。

「トレセン入口」という意味不明のバス停がある。が、地図を見ると、ここから内陸側へ二キロほど入ったところに競走馬のトレーニングセンターがある。

台地を抜けると、ふたたび水田とハス田が広がり、「古渡入《ふっといり》」と呼ばれる霞ケ浦の入江が見えてくる。ヨシの茂る淋《さび》しい岬《みさき》が突き出ている。

古渡入が細まって小野川へとつづくあたりに古い橋が架かっている。古渡橋で、バスは速度を落として渡る。橋上からの入江の眺めは雪舟の風景画を思わせるものがある。岸辺には漁船が舫《もや》い、小さな生《い》け簀《す》もある。ここは、あとで訪れてみたいなと思う。

土浦市から阿見《あみ》町、美浦《みほ》村を通ってきたバスは、この古渡橋を境にして桜川《さくらがわ》村に入る。桜川村は「浮島」「古渡」「阿波《あば》」の三村が合併してできた村である。

古渡橋でバスは国道125号線から分れ、旧古渡村の北側を行く。右は台地で、シイなどの濃い緑に被《おお》われているかに見える。しかし、この台地の上にはゴルフ場が五つもある。一村に五つもゴルフ場があるのは桜川村だけだという。

バスは台地の下を走っているので、幸いゴルフ場は見えない。左は小さな集落がほどよい間隔で水田とハス田のなかに並んでいる。どの集落も樹々《きぎ》が茂り、家々は生《い》け垣《がき》をめぐらしている。その向うには霞ケ浦がある。バスの車窓から眺めるかぎり、心安らぐ風景だ。

桜川村役場の新しい建物の前を過ぎると広い平地に出、水路を渡る。浮島を陸続きにした干拓地である。この事業は昭和のはじめに着手されたが、霞ケ浦の増水のたびに堤防が決壊し、ようやく戦後になって完成したという。

干拓地の向うには浮島の台地が見えている。干拓地を海に見たてれば、正に島だ。浮島の南側には集落が横に長くつらなっている。かつては静かな浦に面していたのであろう。

バスは直線的にめぐらされた水路に沿って干拓地を横切り、浮島を目指す。客は私のほかにお爺《じい》さんと高校生の二人だけになっている。

あたりは一面のハス田である。強風がハスの大きな葉を煽《あお》りながら彼方《かなた》へと渡っていくさまは壮観だ。花や蕾《つぼみ》も揺れ動いている。

浮島の西端に達して、集落に入る。浮島地区の戸数は四九〇戸だが、その大半は南側にあり、約二キロに及ぶ細長い集落を形成している。

そのなかを狭い道が一本通じ、バスはゆっくりと進入していく。小さな雑貨店などもあるが、道の両側はほとんど農家である。丈の高い生け垣をめぐらした家々が多く、植え込みのなかへバスが乗り入れたような感じがする。

バスが通るには狭すぎる生け垣の道を集落の東はずれまで行くのは、なかなか風情《ふぜい》があるぞと期待していると、「つぎは終点の浮島です」とのテープの声があって、バスは空地に入って停《と》まった。二キロある集落内の道を、まだ三分の一ぐらいしか走っていない地点である。

物足りない思いでバスを降りると、人見暁郎さんが迎えに来てくださっていた。人見さんは浮島出身の茨城県文化財指導委員で、桜川村の村史の編集をしている方である。これから浮島と桜川村を案内してくださるとのことで、恐縮する。

「バスの終点は、もっと奥のほうかと思っていました」

と私は言った。

「道が狭いので、対向車のすれちがいができないのです。もちろんUターンもできません。ですから終点は部落の入口にしたいと国鉄バスは言ってきたのです」

「なるほど」

「しかし、それではあまりに不便なので、やっとここまで乗り入れてもらうことにしたのですよ」

「そうでしたか」

「じつは、この終点の土地は私のものでして、水田だったのです。それをバスの方向転換用地として提供したわけです」

バスの終点一つにしても、何かと事情があるのだなと思う。

人見さんの運転する車で、まず景行天皇の帳宮《とばりのみや》の跡を訪ねる。『常陸風土記』には、景行天皇が亡《な》きわが子日本武尊《やまとたけるのみこと》を偲《しの》んで、その征途の跡を巡幸したと記されている。史実としての信憑性《しんぴょう》はともかく、大和政権の長が平定された東国を視察して回ったという事実はあったのかもしれない。

浮島は標高二五メートルぐらいの台地と入江の跡とが組み合わさった複雑な地形をなしているが、景行天皇の帳宮は、その東寄りの台地の上にあったと比定されている。シイなどの樹々が濃く茂るなかにセメントの石段が通じている。

「この石段はお年寄りの人たちの奉仕でつくられたのですが、いまはみんな齢《とし》をとってしまって、手入れをする人もなくて、荒れるままです」

と人見さん。

松の倒木があちこちにあり、立枯れの松も多い。

「浮島は松の多いところでしたが、松食い虫にやられて、このとおりです。それどころか、土や砂の採取の業者が入ってきて、浮島は削られる一方です。この景行天皇の帳宮跡は村が買い上げて保存しておりますが……」

石段を上り、そして下って、土砂の採取場を横目で睨《にら》みながら、車で東へ向うと、霞ケ浦に突き出た砂嘴《さし》の和田岬に出る。

ほんらいなら「白砂青松」であったにちがいない地形なのだが、松は枯れ、砂浜にはコンクリートの堤防が築かれて、殺風景になっている。

「ここから西へかけては水泳に絶好の浜なので、施設もつくったのですが、建設省が霞ケ浦全体を水甕《みずがめ》にしようということで、こんな堤防を築いたのです。霞ケ浦の出口に水門をつくりましてね、水位を調整するためには堤防が必要というわけです」

「そうすると、漁業にも影響がでてくるのでしょうね」

「ええ。水質の汚染や水門による外海との遮断《しやだん》で、霞ケ浦の漁業は細々としたものになっています」

「霞ケ浦の自然や漁業を残そうとする運動はないのですか」

「まあ、あることはありましたが、補償金をいくらもらうかという方向に関心が移ってしまいましてね。時代ですね」

人見さんは歴史研究者らしい淡々とした口調で語ってから、こうつけ加えた。

「でも漁民気質《かたぎ》は残っているのでしょうか、浮島には大酒飲みが多いのですよ」

堤防の上の道を車は西へ向う。湖岸にはヨシが茂り、シラサギがいる。小規模な定置網がある。ハゼや小エビを獲るのである。岸辺には漁船も繋留《けいりゆう》されているが、人影はない。ワカサギ漁のトロール船であるが、魚の減った現在では一日一時間しか出漁を許されていないという。

ふたたび台地に入ると、藤原教長の配所跡とされる観音堂がある。教長は保元の乱で敗れた崇徳《すとく》上皇の側近で、浮島へ遠流《おんる》となったのである。七年後に赦《ゆる》されて京へ戻るとき、世話になった浮島の里人に書き与えたと云われる紙片が旧家に残っている。

「夢のまにまに七歳《とせ》あまり過しなむ、このうつし植たる杉のみどりと村びとのこまやかなるかたちを末ながく契《ちぎ》りて、浮島の里人に別れむとするときに」

観音堂には樹齢数百年の杉の大木があり、それが「うつし植たる杉」ではないかとされるが、人見さんは、

「保元の乱は八〇〇年前ですから、はたしてそれだけの樹齢がありますかどうか」

と言った。

台地の下を東に戻って、桜川村民俗資料館に立ち寄る。旧家の母家《おもや》を移築して昭和四六年に開設されたという。しかし、見学者が少ないので、鍵《かぎ》がかかっている。人見さんが近くの網元の家から鍵を借りてきて、重い板戸を引き開ける。

「まるで物置でしょう」

と人見さんが言うとおり、内部は雑然としていたが、縄文《じようもん》時代の土器や田に水を上げる水車《みずぐるま》などに混じって眼《め》をひくのは「田下駄《たげた》」であった。踏台に鼻緒《はなお》をつけたようなもので、これがないと底無し沼に首まで潜ってしまうのだそうだ。とくに刈り入れ時は霞ケ浦が増水するので苦労したという。

浮島を出て、水田とハス田の干拓地を走り、旧阿波《あば》村の大社、大杉神社に詣《もう》で、迫力ある鬼の面を見てから、神宮寺城跡へ行く。ここは嵐《あらし》に遭って漂着した南朝方の北畠親房が地元の名主たちの協力を得て砦《とりで》を築いたところで、鬱蒼《うつそう》とした木立のなかに空濠《からぼり》や

土塁が残っている。

しかし、砦は北朝方の佐竹氏に攻められて落城し、親房らは逃げおおせたが、協力した一三人の名主は斬首《ざんしゅ》された。その名主たちを供養《くよう》する「十三塚《づか》」が道路の脇《わき》に並んでいる。ただし、塚の数は一四で、一つ多い。

事情はこうである。名主たちが捕われ斬首されたとき、根本六左衛門という名主だけは外出していて難を免《まぬか》れた。帰宅して同志の斬首を知った六左衛門は、すでに立ち去った佐竹軍の後を追い、小野川河畔《かはん》で「ホーイ、ホーイ」と呼びとめて、自分の首を斬《き》ってくれと頼んだという。その場所に「ホイホイ地蔵」という地蔵がある由。

ぜひその地蔵へと車を走らせると、その場所は、バスの窓から佳景だと見入った古渡橋の袂《たもと》であった。私が六左衛門の立場だったら、運がよかったと胸を撫《な》でおろすだろうが、昔の人は偉かった。小さな祠《ほこら》のなかの地蔵に合掌。

室《むろ》谷《や》（新潟県東蒲原《かんばら》郡上川《かみかわ》村）

夏なので今回は涼しい山奥の鄙《ひな》びたところへ行きたいと思った。編集部の新妻香織さんに相談すると、新潟県東蒲原《かんばら》郡上川《かみかわ》村の最奥の集落「室谷《むろや》」を推せんしてくれた。地図で調べると、こんなところまでバスが行くのかと感心させられるような山奥である。戸数三五という小集落なのに旅館も一軒ある。

讃岐《さぬき》屋という、その旅館に電話をした。夏は山間辺地のどんな宿でも満員になるので、予約をしたほうがよい。一軒宿に断わられたら惨《みじ》めなことになる。

長い市外局番を回したが、いっこうに相手が出ない。一時間ごとに三回かけたがコールサインが鳴るばかりだ。廃業したのかと諦《あきら》めかけたが、もう一度ダイヤルを回すと、ようやく通じて、受話器をとるのが面倒くさいといった感じの、おばさんの声が出た。

「こんどの八日の月曜日、一人ですが泊れますか?」

「八日ね。ああいいですよ」

「夕方五時半に着くバスで行きますから」

「あ、そう」

それでおしまいである。当方の名前を訊《たず》ねもしない。言いかけようとしたら相手が電話を切ってしまった。「ローカルバスの終点へ」の企画のおかげで、この種の応対には慣れてきているが、とりわけ無愛想である。どんな宿なのだろうかという好奇心と、泊りたくないなという気持とが交り合った。

八月八日（昭和六三年）、月曜日。上越新幹線で新潟着10時09分。10時43分発の会津若松行鈍行ディーゼルカーに乗る。なんと暑い車内であることか。クーラーはなく、窓を開けても暑い。

ブルブルンと鈍行列車はエンジンを震わせ、新津《にいつ》から磐越西線《ばんえつさいせん》に入ってしばらく走ると、左から阿賀野《あがの》川が近づいて山間に入る。ようやく、窓から涼風が吹きこんできた。

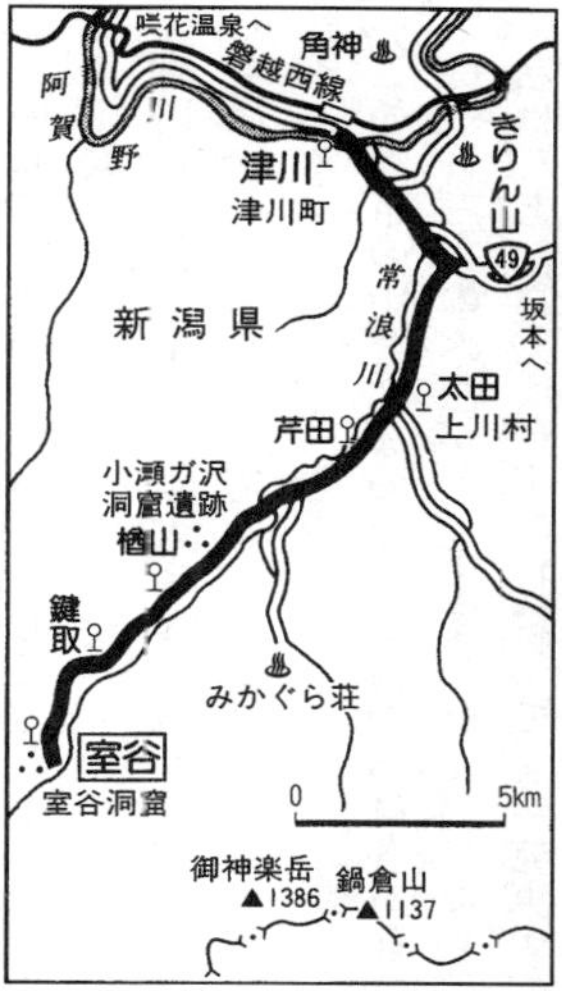

12時04分着の津川《つがわ》で下車。ここが室谷へのバスの起点である。新妻さんの手紙には、

「津川から室谷までのバスは五九分！　一時間に達しなくてすみません。ただし帰りは六〇分です。ご勘弁ください」

とあったが、一時間以上バスに乗

るとの基準を決めている私としても、そこまでこだわるつもりはない。津川自体が、すでに山峡にある。

津川町は常浪《とこなみ》川という大きな支流が阿賀野川に合流する地点にあり、河港として、また会津街道の宿場として栄えたところだ。町の北にそそり立つ麒麟《きりん》山には戦国時代の城跡もある。

この一帯の中心地なので、駅前からは各方面へのバスが出ている。目指す室谷へのバスは一日三本のみだが、途中まで行くバスなら何本もある。

私は、とりあえず列車に接続してすぐ発車する太田《おおた》行のバスに乗った。太田は室谷を含む上川村の中心集落で、役場がある。

バスは阿賀野川を渡り、宿場町の面影《おもかげ》を残す細長い津川の町を通り抜ける。

会津若松方面への国道49号線と分れて、常浪川に沿う県道に入る。まもなく津川町と上川村の境である。なんとなく旅行していた頃《ころ》は行政区域などについての関心はなかったが、町村役場を訪れて町や村の事情を訊ねるようになってからは、それがセクショナリズムと言ってよいほど厳然としたものであることを知るようになった。

常浪川沿いの県道と言っても、両岸には平地が広がり、いくつかの集落もあって、バスが川っぷちを走るわけではない。ごく平凡な田舎道である。製紙用のチップ工場が林業の村をしのばせるだけだ。

津川から二〇分、県道に入ってから一〇分で太田に着いた。

村役場の観光担当者は忙しそうであった。八日後の八月一六日に催される「ふれ合い祭り」の準備に忙殺されているのだった。

大急ぎで村の状況を聞く。人口は四〇〇〇。ひと頃にくらべると半減し、林業は不振だが、人口減少の傾向は止った、村おこし運動の成果が徐々にあらわれたからでしょう、ゴルフ場や村営の保養センターも整備されました……などの話を聞く。ただし、室谷地区は下流に治水ダムの建設が決定し、水没するとのこと。

「反対運動はなかったのですか」

「とくにはありませんでした。水没する家の移転先も決まりました」

そこへ「村の観光協会の会長です」と紹介されて一人のおじさんが現れた。名刺を頂《ちょう》戴《だい》すると「伊藤一雄」。観光協会長の肩書はどうでもよいが、

「え！　あの小出《こいで》和紙の伊藤さんですか」

と私は驚いた。

小出は太田から低い峠を越えた向うにある小集落で、清流に恵まれ、上質の和紙の産地であった。会津藩の御用紙でもあった。

しかし、いまや小出和紙は衰退の一途をたどり、県の無形文化財の指定を受けたものの、絶滅の危機に瀕《ひん》している。それを一人で頑張《がんば》って守っているのが伊藤一雄さん（六四歳）なのである。

こうした知識は編集部から送られてきた資料による俄《にわ》か勉強であるが、室谷を目指して上川村に来たからには、何をおいても伊藤さんにお会いし、和紙工房を拝見したいと思っていた。

伊藤さんが村役場に来ていたのも祭の準備のためで、お忙しそうであったが、時間を割いて工房を案内してくれることになった。

津川からタクシーを呼び、小出に向う。

低い峠を越えると、道に沿って桑によく似たのが生えている。

「これが楮《こうぞ》です」

と伊藤さんが言う。桑とおなじように毎年の新枝を切りとって、和紙の原料にするものである。私は長いこと出版社に勤め、造本にたずさわってきたので、紙についての多少の知識はあるが、なんといっても強靭《きようじん》さと風合《ふうあ》いは楮が抜群であった。

和紙工房に着いて内部を拝見する。製造工程の全部を見ようとすれば、何日かかるかわからないので、概略の説明だけをうかがう。

――楮の甘皮（表皮）を剝《は》ぎ、それにソーダ灰を加え、四時間加熱して繊維を抽出し、水洗によって不純物を溶かし去り、さらに手作業によって塵埃《じんあい》を取り除き、打解機で打《ず》ちのめしたあと叩解《こうかい》機で繊維を分散し、トロロアオイの根の粘液を混ぜて竹簀《たけす》で流し漉き――。

もっとヤヤコシイし、どこにコツがあるかが微妙なのだが、拝聴しているうちに、便《びん》箋《せん》と封筒ぐらいは和紙を使おうかと思いはじめていた。

太田の役場に戻ったのが二時半。室谷行のバスは16時54分発なので、時間をもて余す。このあと、とくに見るものはないのだが、役場の上手の芹田《せりた》にある「山菜加工組合」の工場へ行ってみることにした。

採《つ》みとったゼンマイなどを町の業者に売ってしまえば二束《そく》三文《もん》だが、加工してパックに詰めれば付加価値がつく、そして、工場の設立によって過疎《かそ》の村に雇用の場が生じる。上川村にとっては重要な工場なのだそうだ。

その山菜加工組合工場へと向いながら運転手が、

「あれをつくったのは清野《せいの》八十八《やそはち》という人でしてね。村会議員を二期つとめましたが、こないだの選挙では落選しました。いい仕事をしていますしね、人気もあるので、当選確実と安心していたら落ちたのです」

と言った。

山菜加工場は小規模なもので、真空パックされたゼンマイがポツリポツリとコンベヤーから流れ出てきていた。白い作業衣を着て働いているのは一〇人たらずの女性であったが、タイムレコーダーの脇《わき》には三〇枚ものカードが挟《はさ》まれていた。

ゼンマイのパック工程を眺《なが》めているうちに、清野さんがトラックでやってきた。出荷で新潟市へ行っていたとのことであった。

「お蔭《かげ》で年間二億円弱の売上げがありましてな。設備費や人件費で、まあ、ほどほどですが」

落選の件について訊ねると、

「油断しとって、しくじりましたわ」

と屈託のない笑顔を見せた。

まだまだ時間があるので、山への細い道へ分け入って「炭焼き場」を見る。木炭が家庭で使われなくなって以来、需要が激減したことは言うまでもないが、グルメ時代の今日では炭火焼きの人気が高まっている。コーヒーも炭火焼きが売りものになった。木炭の需要は安定し、高級燃料として価格も高い。上川村の木炭はナラで、一五キロ詰めで三千円だという。

そんな話を聞きながら、炭焼きの臭《にお》いをかいでいるうちに、ようやく四時になった。

村役場に戻って一憩したあと、16時54分のバスに乗る。これが津川駅発16時32分の室谷行最終バスである。

車内は、老人や子どもでいっぱいであった。

が、停車するたびに客が降り、たちまち席があいた。停留所には子どもの母親が迎えに来ていて、わが子の手をとりながら運転手に「ありがとうございます」と言う。杖《つえ》を手にした老人は、料金箱に一〇円玉を一つ一つ数えながら投入し、ゆっくりと下車する。このまま空《す》く一方かと思っていると、二つ三つ先の停留所で幼稚園児が二〇人ばかり、どっと乗ってきた。ミニスカートの可愛《かわい》らしい先生が「よろしくお願いします」と運転手に声をかける。

常浪川を左岸へ渡って、17時05分、栃堀《とちぼり》に着く。やや大きな集落で、ここまでのバスは一日一〇往復ある。園児たちなど客の半数が下車し、車内が静かになった。

栃堀を過ぎると、常浪川の両側が迫り、にわかに深い山峡の気配になる。川は渓流《けいりゅう》から渓谷に変り、道幅も狭くなった。

曲流する川が向う岸を削る箇所では、こちらは河岸段丘の上を行くが、流れが反転して迫ってくると道路が崖《がけ》っぷちに押しつめられる。

対岸へ吊橋《つりばし》が架かっている。その下は速い流れが岩にぶち当っている。マイカーならば、車を停《と》めて吊橋の上に立ってみたい所だが、室谷行の最終バスでは下車するわけにはいかない。

河岸段丘上の楢山《ならやま》で何人か下車し、残るは八人になった。「山おやじ漬《づけ》」の看板がある。熊《くま》が出るのだろうか。

前方は山また山が重なり合っている。その向うには福島県との境に聳《そび》える御神楽《みかぐら》岳があるはずだが、雲がかかって見えない。

両岸がますます迫って、渓谷は美しさを増してきたが、それでも、わずかな段丘上に鍵取《かぎとり》という小集落がある。ここが治水ダムの建設予定地である。

鍵取ではお婆《ばあ》さんが三人降りた。「敬老会」と染め抜かれた揃《そろ》いの手拭《てぬぐい》をかぶっている。老人の集りでもあったのだろうか。残った客はお爺《じい》さん一人と男女中学生三人、そして私の五人である。

そこから先は谷がやや開ける。なるほど、大きなダム湖がつくれるわけだ。しかし、耕地はない。

道の山側に茂る杉の根元が釣針《つりばり》状に曲っている。雪の重みで押し曲げられたからで、豪雪地帯ならではの形である。このあたり積雪三メートルに達するという。「防雪保安林」の小さな杭《くい》が路傍に立っている。

鍵取から先は終点の室谷まで集落はない。

すでに太陽は山に隠れて、杉木立に沿う道が陰気になった。空だけが明るく青く、積乱雲が盛り上っている。

もうこれ以上奥へと走っても何もないんじゃないかという感じになってきたが、ようやく集落が現れて、17時30分、終点の室谷に着いた。渓流を見下ろすバス停で、清流が岩をなめている。

バス停の前には雑貨店が一軒あるが、あとは鄙びた家々が斜面に階段状に重なり合っているだけである。今夜の宿の讃岐屋は見当らない。

戸数三五の小集落だから、ちょっと歩けば見つかるだろうと、山側の民家の間の道を登る。道端の水路には豊かな水が流れ下っている。

カヤ葺《ぶ》き屋根は一軒もないが、どの家も玄関を東南側に突き出した「型のつくりである。連子《れんじ》格子《ごうし》の家も多い。私は何十年か昔に引戻されたような気がした。しかし、どの家にもマイカーがある。

讃岐屋旅館は集落のいちばん高いところにある二階家だった。「旅館」の看板はなく、「讃岐喜久男」の標札があるだけだ。

玄関で声をかけると、すぐおかみさんが出てきた。

「五時半のバス言うから待ってました。きょうは今年いちばんの暑さで、ご苦労さまでしたな」

その声は、あの無愛想な電話の主とおなじだが、会っての印象は全然ちがう。

二階の部屋に通されながら、どうして旅館の看板を出さないのかと訊ねると、

「うちに泊るのは道路工事のおなじみの人ばかりですから」

と言った。

室谷から一キロ余の上流に国の指定文化財の縄文《じょうもん》遺跡「室谷洞窟《どうくつ》」がある。こういうところへ行ってみても出土品は運び出されて穴だけがあって、つまらないこと必至なのだが、日没まで一時間余あるので、夕食前の散歩がてらに行ってみることにした。

林道から見下ろす渓谷は美しく、滝もかかっていたが、洞窟を見て帰途につくと、雷が鳴り、雨が落ちてきた。こりゃ大変と急ぎ足になる。が、すぐ雨はやみ、上を見上げれば雲はない。山の天気は、まったく変りやすい。

と、道端から黒いものが突然現れた。熊かと一瞬たじろいだが、釣人であった。

夕食の膳《ぜん》は山菜その他。

あしたの朝は何時に出発かと訊ねるおばさんに、「七時半の一番バスに乗りたいので、朝食はなしでもいいですよ」と遠慮すると、

「何時でもいいです。朝ごはんは、ちゃんと食べていってください」

と言った。

そのうち、工事関係者の人たちが帰ってきた。話を聞いてみたい気がしたが、眠気のほうが優先して寝てしまう。

翌朝五時前に眼を覚ます。山峡なので、まだ陽《ひ》はさしていないが、重なる山々のあいだにたなびく朝靄《あさもや》との濃淡の対照は水墨画そのものだ。

そして、谷あいに重なり寄り添うようにして屋根をつらねる集落。平凡と言ってしまえばたしかに平凡だが、じゃあ、この平凡な集落風景にどこへ行けば出会えるかといえば、いまや、そう簡単ではない。この室谷集落も、やがては水没するのである。

飯《いい》　尾《お》（山梨県北都留《きたつる》郡上野原《うえのはら》町）

旅行をしたいけれど、お金がない、あるいは暇がない、その両方ともない、と嘆く人に私は、

「遠くへ行くばかりが旅ではありません。要するに、日常の環境とはガラリと変ったところへ行くのが旅の本質でありまして、その気になれば東京のすぐ近くにだって、旅心地にひたれるところがいくらでもあるはずですよ」

と答えることにしている。

それを実証するために、今回は東京の至近距離のところへ行こうと思う。

だが、鉄道に関してならば、この線とこの線がよいと言えるけれど、バスで行くとなると、当惑する。鉄道よりもバスのほうが肌理《きめ》こまやかに山村へ分け入っているから、私の持論の正しさを示すのに好都合のはずなのだが、未知・未踏の分野なので、わかりかねる。それで、

「東京のすぐ近くにもこんな鄙《ひな》びたところがあるのかと、人が驚くようなところへ行きたいのですが」

と編集部の秋田さんに相談した。

「秩父《ちちぶ》の奥あたりではどうですか」

「いや、もっと近いところでどこか」

「奥多摩……」

「山は深いようだけど、知られすぎてますよね」

「そうですね」

「あまり人に知られてなくて、珍しい風習のあるようなところがいい」

「難題ですね。しかし探してみましょう」

と秋田さんは言った。

二日ほどして電話がかかってきた。

「上野原からバスで三〇分たらずにユズリハラというところがありまして……」

「ユズリハラ?」

「木へんに岡と書いてユズリと訓《よ》むそうです。その棡原が長寿村で、九〇代の老人がたくさんいるとか」

私は驚いた。上野原は新宿から中央線の電車で一時間余の距離だから、バスの接続がよければ棡原とやらまで一時間四〇分で行けるではないか。不動産業者なら「都心まで95分」と宣伝するだろう。

「長生きなのは、アワ、シイタケ、山菜などを食べてきたからだということで、長寿食

なるものを食べさせる民宿もあります」

「行ってみたいなあ。だけど、バスに乗る時間が三〇分たらずというのは物足りない」

「いいえ、バスは棡原のずっと先の飯尾《いいお》というところまで行きます。上野原から一時間ちょっとかかります」

「それに決めます。長寿食なるものを食べてみたいし」

と私は声をはずませた。

「ですけど」と秋田さんが言った。「今もアワを食べているはずはありませんし、長寿食なんて、どうも眉《まゆ》つばな感じで……。それに、長寿村といっても、はたしてどうですか」

すすめてはみたものの自信はなさそうであった。

「いいですよ。現地へ行ってホントかウソかをたしかめるのも旅行の楽しみの一つです。バスの時刻を教えてください」

と私は答えた。市販の『時刻表』には、こんな地味な路線は掲載されていない。

まもなく秋田さんからバスの時刻、名所案内のパンフレット、民宿一覧などの資料が送られてきた。上野原―飯尾間のバスは一日六往復、長寿食を供する民宿は一軒のみ、名所にはとくに興味をひくものはなかった。そのあと、最年長者で九九歳のお婆《ばあ》さんの住所も知らされた。このお婆さんは訪ねてみたいと思い、手みやげの菓子を用意した。

四月七日（昭和六二年）に行くつもりでいたところ、あいにく天気予報どおりに雨で、一日延期。近いところは天候を見はからうことができるから、ぐあいがよい。遠くへ行く場合は、こう自在にはいかない。

そのかわり、近いがゆえの問題もある。それは心掛けの問題なのだが、何時発の列車に絶対に乗らねばならぬという条件がないから緊張感がない。

眼《め》が覚めると、一〇時を過ぎていた。前夜、知人と一献《いっこん》したあと夜遅くまで本など読んだのがいけなかった。

近いといっても、上野原まで一時間半はかかる。12時41分発のバスには間に合うが、これでは日帰りは不可能だろう。近いから日帰り、昼は長寿食と思っていたのだが、朝寝坊のためにご破算になってしまった。

もう一日延期しようかと考えた。だが、空は快晴。新聞の天気図を見ると、あすの天気は下り坂と予想される。

私は一泊用の下着などを鞄《かばん》に詰め、急いで家を出た。

明大前《めいだいまえ》（拙宅の最寄《もより》駅、世田谷区）から京王線の急行で高尾まで四〇分。接続よく高尾発11時26分の中央本線の電車に乗る。甲府行の各駅停車である。

高尾から上野原までは、わずか一八分だが、小仏《こぼとけ》トンネルを抜けると神奈川県の北端を横切り、たちまち山梨県に入るという行政区画のうえで目まぐるしいところを通る。上野原は、山梨県に入って最初の駅である。

それはどうでもよいが、この間の車窓の変化が面白い。たちまちにして相模《さがみ》川中流の桂《かつら》川の河岸段丘の上へと躍り出るからだ。対岸の段丘は絶壁をなし、細い流れが滝となって河原へ落ちている。


桂川の河岸段丘は幾段にもなっていて、上野原駅は、その一段目の狭い段丘の上にある。平地の幅が狭いからであろう。ホームは上下線にはさまれた一面のみで、しかもホームのなかに駅舎がある。こういう駅は珍しい。

ホームのなかの改札口を出て、階段を上ると、狭い崖下《がけした》の窮屈そうなところに富士急行のバスが「本町三丁目」の行先表示で停《とま》っていた。上野原町の中心部へ行く短区間のバスである。電車の接続がよく、意外に早く上野原に着いたので、12時41分の飯尾行まで五〇分も待時間がある。狭くて何もない駅前で待つよりも町へ行ってみようと、私はそのバスに乗った。

バスは中央本線を見下ろしながら東へ走り、ぐいと一八〇度向きを変えて西へ走りながら坂を上る。それから北へ向うと広い平地の上に出、中央高速道をまたいで上野原の家並に入った。三段目か四段目かわからないが、上野原は河岸段丘の上にある甲州街道の宿場町である。古色蒼然《そうぜん》とした宿屋が何軒か眼に入った。

本町三丁目で降りると、すぐ先に町役場がある。そこを訪ねて、

「長寿村のことを知りたいのですが……」

と言いかけると、「はいはい」と心得たような返事があって、「年齢別老人人口表」というのをくれる。この種の取材に慣れている気配である。

その表の分布を見ると、なるほど桐原地区の老人人口の比率が他地区より若干高く、九〇歳以上が三四人いる。が、桐原地区の人口は三〇三一なので、九〇歳以上三四人は驚くほどの数ではないような気がするし、比率にしても、若者の地区外への流出数の多《た》寡《か》によって決まることだろう。

それらについて質問してみたかったが、ちょうど昼食時の休憩時間なので遠慮し、役場前のバス停で「老人人口表」を眺《なが》めながら飯尾行のバスを待つ。

12時50分、飯尾行のバスがやって来た。これが上野原発12時41分のバスである。客は十数人で、年寄りが多い。

上野原の町を出はずれると、山峡に入り、桂川の支流の鶴川《つるかわ》に沿う県道を走る。あたりはスギやヒノキの山々だが、サクラもあって、ちょうど満開である。持参の二万五千分の一の地図によれば、標高は約三〇〇メートル。東京より一週間ぐらい遅く咲くのだ

ろう。

ところどころに高い河岸段丘があり、集落とバス停がある。段丘の上は平坦《へいたん》だが、谷は深く、バスの窓からは谷底が見えない。

バスの通らない対岸にも段丘と集落があり、サクラが咲いている。これは絵にも写真にもなる眺めだ。東京から近くてもこんなところがあるのだと、嬉《うれ》しくなってきた。

と、路傍に建てられた新しくて大きい自然石の碑が目に入った。「長寿村　棡原」と刻まれている。つづいて「長寿の里　ゆずりはら」と大書された看板もある。ここからが棡原地区なのであろう。

まもなく「棡原支所」のバス停に着く。ここが棡原地区の中心であるが、まったく平地のない谷底で、雑貨店と酒屋が一軒ずつ、大雨が降れば流れそうな川岸にあるのみであった。上野原町役場棡原支所や学校は崖の上の段丘にあるらしい。

地図によれば、この付近に猪丸《いまる》、日原《ひはら》、椿《つばき》などの集落があるが、いずれも高い段丘の上の傾斜地にある。現在は、どの集落へも車で上れる道が通じているけれど、ひと昔は上り下りが大変だっただろう。この地区に長生きの人が多いのはその苦労の恵みではあるまいか、という気がしてきた。

棡原は帰途に寄ることにし、そのままバスで先へと向う。ここから終点の飯尾まで約三五分かかる。車内のテープが、

「これより自由乗降区間になります。危険な箇所を除き、どこでも停車いたしますので、ブザーの赤ボタンを押してお知らせください」

と告げる。道幅が狭くなった。

バスは鶴川の左岸（北岸）に沿いながら、しだいに高みへと上り、樹間から深い谷を見下ろすようになる。きれいな渓谷だ。

無人の山峡へと分け入って行く感じだが、ときどき緩い傾斜地が広がって集落と桑畑があり、かなりの高さまで耕されている。

そうした段丘上の集落で、お婆さんやおばさんが一人、二人と下車する。もう乗る人はいない。

いったん谷底へと下ったバスは梅久保《うめくぼ》という小集落を通る。ここに長寿食を供する民宿がある。民宿というには立派すぎる建物で、

「ウルトラアイ　長寿食再現」

と大書した看板が立っている。ＮＨＫテレビで紹介されたのだろう。この大看板を見たとたんに私は試食の意欲を失った。

梅久保の先で鶴川と離れ、山中をさまよいながら小集落をいくつかたどる。山深く、段々畑は高く、東京から遠く離れた山奥へ来たようだ。

ふたたび鶴川の岸に戻ったかと思うと、また段丘の上にあがる。原という集落で三人下車し、残る客は私一人になった。

細い小川になり果てた鶴川に沿って二、三分走ると急な上り坂になって、終点の飯尾に着いた。バス停は坂道の途中にあった。地図によれば、この地点の標高は約五八五メートル。上野原駅が一八六メートルだから四〇〇メートル登ったことになる。

飯尾は終点にふさわしく、谷の奥のドン詰まりのようなところであった。しかし、緩い傾斜地が一段高いところに開けて、段々畑があり、古びた民家が点在している。道端にはシイタケ栽培用のホダ木が積んである。

廃屋はないが、午後二時という時間のせいか人影がない。どの家にもマイカー置場があるが、車はない。老人は家にこもり、働き手は車で山か里へ出かけ、子どもは学校、という時間帯なのだろう。

二〇分余りブラブラして、14時07分発のバスで引返す。つぎのバスまで二時間待つには淋《さび》しすぎたし、することもなかった。

棡原へ戻り、崖の上の支所を訪ねる。木組の火見櫓《ひのみやぐら》をつけた小さな古い建物で、二人の青年が事務をとっていた。

なぜ長寿者が多いのかと訊《たず》ねる。

「それがよくわからんのです。九〇歳以上の高齢者が何人もいますが、とくに長寿村といえるほどの比率ではないですし。皆さんが長寿村だと関心をもってくださるのはありがたいのですが……」

と首をかしげる。

「ただ、最近は六〇歳代で亡《な》くなる人が目立ちますね。食生活が変ったからかもしれません。それとも、みんな車を持つ時代になって、坂道を上り下りしなくなったからでしょうか」

その青年に最高齢者で九九歳の石井そのさんの家の所在地を教えてもらう。

「わりあい遠いですよ。一〇分ぐらいかかりますね」

「一〇分ならすぐ近くじゃないですか」

「……」

相手は怪訝《けげん》な顔をしている。歩いて一〇分だと私は思ったのだが、そうではなかった。「車で」を省略するほど車が足になりきっているのだ。

タクシーを無線で呼び、井戸《いど》という集落へ行く。石井さんの家は段々畑のいちばん上にあった。

声をかけたが返事がないので、玄関の戸を開けて押し入ると、茶の間があり、お婆さんが一人、火燵《こたつ》のふとんを膝《ひざ》にかけてうずくまっている。私の闖入《ちんにゅう》に気づかない。

精一杯の大声を幾度もかけたが、反応がない。とても話のできる状態ではない。まあ、このお婆さんを一目見ればよいので、これで帰ってもよいのだが、持参の菓子を手渡したい。

しかし、見知らぬ男が上りこんで何やら眼の前に突き出されたそのショックで……、と思うと、それもできない。

名刺に一筆書いて置いてこようかと考えていると、運よく一人のおばさんが帰ってきた。石井美和子さん、五七歳、お婆さんの孫のお嫁さんである。二代目夫妻はすでに亡くなっているので、彼女が世話をしているのだそうだ。

「このお婆ちゃん、耳は遠いけれど気はしっかりしているんですよ」

と美和子さんが言う。なるほど、彼女が話しかけると、いちいちきちんと答えている。何を言っているのか私にはわからないが、それを美和子さんが私に通訳してくれる。「この人に早くお茶を出しなさい」「畑の苗のぐあいはどうか」などと言っているのだそうだ。美和子さんが戻ってきてくれてよかった。そうでなかったら、まったく別の印象を抱いて帰るところだった。

ここでも長寿の理由を訊ねた。

「食生活や坂の上り下りもあるでしょうが、それより、このお婆ちゃんの場合は性格じゃないかと思います。なにしろクヨクヨしたところが全然ありませんし、底抜けに明るい性格なんですよ」

今様に言えば、ストレスが溜《たま》らないということなのだろう。

「ヤシャゴが遊びに来ますとね、恵比須《えびす》さんの歌を教えるんです」

ヤシャゴとは美和子さんの孫で、お婆さんから数えると五代目になる。
「お婆ちゃん、お客さんにエベスさんの歌をうたって聞かせなさいよ」
と美和子さんが言う。
お婆さんは、しばらく恥しそうにためらっていたが、やがて、
「えーべすさーまという人は
一《いち》に俵をふりまいて
二でニッコリ笑って
三で酒《さーけ》をつーくって
四で世の中のよいように」
と歌いだした。
石井そのさんは明治二〇年生れ。満百歳の誕生日を迎えるのは、今年の一二月五日である。

程《ほど》野《の》（長野県下伊那《しもいな》郡上村《かみむら》）

今回の目的地は地理的にも歴史的にもややこしいところで、説明しようとすると前置きが長くなりそうである。だから、とにかく出発してしまい、説明は道すがらにさせていただく。

三月八日（昭和六三年）、火曜日。新宿発7時00分の特急「あずさ」は快晴の甲斐路《かいじ》を西へ向う。通過する駅々には「武田信玄」や「風林火山」を染め抜いた赤い幟《のぼり》が寒風にはためいている。今年のＮＨＫの大河ドラマは「武田信玄」である。

甲府を過ぎると、左に鳳凰《ほうおう》山と甲斐駒《かいこま》ヶ岳《たけ》、右に八《やつ》ヶ岳《たけ》が近づいてくる。今年は暖冬で雪が少なく、白く輝くのは頂上付近のみだが、このあたりが中央東線の車窓の白眉《はくび》だ。

茅野《ちの》で、左窓に杖突《つえつき》峠を見る。信玄の率いる大軍が浜松城の家康と対決すべく、この峠を越えていったのは元亀《げんき》三年（一五七二）の一〇月であった。

信玄軍がたどった杖突峠越えの道は、「絵島生島《えしまいくしま》」の艶聞《えんぶん》で名高い絵島の流刑地《るけいち》の高遠《たかとお》を通り、今回の目的地の「上村《かみむら》」を経て、遠州へと通じていた。それは、「塩の道」、つまり物資の流通路であり、防火の神の秋葉《あきば》神社への参詣道《さんけいどう》でもあって、往事は殷賑《いんしん》をきわめたという。が、この道筋は、天竜川《てんりゅう》沿いに鉄道が敷かれてからは廃《すた》れてしまった。これから私が行こうとしている上村も、さびれたわけである。

上諏訪《かみすわ》着9時29分。隣のホームに9時37分発の飯田線の電車が待っている。この電車で天竜峡まで行き、さらに乗りかえて平岡《ひらおか》に着くのは13時33分の予定。上村へのバスは平岡から出る。

飯田線の電車は天竜川の西岸の段丘の上を、左右にカーブしながら、ゆっくりと走る。左窓に赤石山脈が望まれた。

飯田を過ぎ、天竜峡着12時49分。ここで12時54分発の豊橋行に乗りかえると、天竜川の深い谷に入り、飯田線の電車は崖《がけ》っぷちに張りつくようになる。短いトンネルが連続する。

13時33分、平岡に着く。下伊那郡天竜村の中心で、役場をはじめ公共施設が揃《そろ》っているが、平地はなく、斜面に家々が階段状に重なっている。駅前広場もなく、いきなり階段があって、バス停はどこかと、ちょっと戸惑う。

が、下車した人びとの後に従えば迷うことはない。階段を下りると街道があり、それを左へ行くと「信南交通」のバスが谷に尻《しり》を向けて待っていた。後進を一歩誤れば谷へ転落しそうなバス停であった。バスの行先は「和田」となっている。上村へ行くには和田で乗りかえるのである。

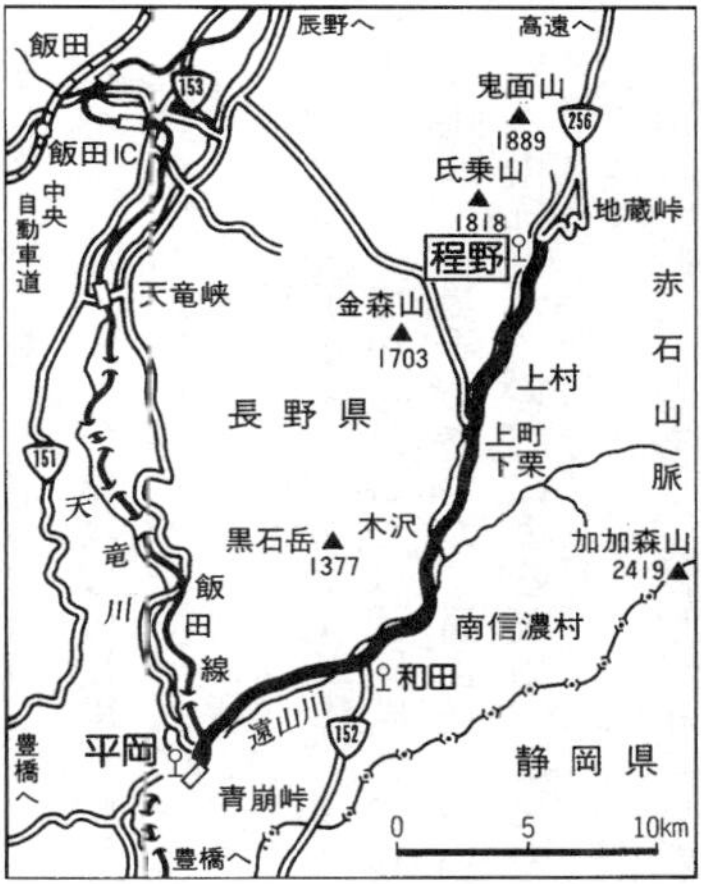

和田行のバスは六人の客を乗せて13時40分に発車した。おばさんや年寄りばかりで、交わされる話は病気のこと。しかし、声は元気で大きい。

バスは飯田の方向へ少し戻ってから右折し、天竜川の支流の遠山《とおやま》川を遡《さかのぼ》る県道に入る。崖を巻く細い道で、対向車が来るとバックし合って道を譲らねばならない。

これはひどい道だと思っていると、突然、真新しい広い道になり、快調に走りだす。が、また狭い一車線になる。そして道路工事の箇所にかかる。

遠山川の河原は広く、水量も多い。しかし、両岸の傾斜は急で、山は高く深く、中部山岳地帯の地形のスケールの大きさを感じさせる。吊橋《つりばし》があり、対岸の急斜面に小さな集落がある。石を積んだ段々畑が中腹にまで及んでいる。ほとんどが茶畑である。

平岡から二〇分余り走ると、右の谷間《たにあい》から現れた国道152号線に合する。この道が「塩の道」の秋葉街道で浜松へ通じている。ただし、県境の青崩《あおくずれ》峠は車が通れない。情ない国道なのである。

まもなく南信濃《みなみしなの》村の中心、和田に着く。秋葉街道の宿場で、鄙《ひな》びた商店が黒ずんだ軒を並べている。新しい建物は村役場と郵便局、そして医院ぐらいであった。

上村へのバスは14時30分発で、二〇分ほど待時間がある。

バスの営業所に接して竜淵《りゅうえん》寺という古寺があり、急斜面を鬱蒼《うっそう》と埋める杉木立のなかに堂宇が見えている。ここは戦国時代に遠山氏によって築かれた和田城の跡で、竜淵寺は遠山氏の菩提《ぼだい》寺であった。遠山氏について詳述する紙幅はないが、武田氏への服属、一族の相続争い、幕府による改易、農民の反抗による当主の殺害など、その歴史は血なまぐさい。

遠山氏が滅亡したあと、凶事が相ついだ。人びとは遠山氏の悪霊《あくりょう》の祟《たた》りだとして、その霊を慰めるために祭りをおこなうようになった。これが民俗学的にも観光的にも名高い「霜月《しもつき》祭り」である。鉄鍋《てつなべ》に煮えたぎる湯を手でハネ飛ばすという荒っぽい神楽《かぐら》で、遠山川沿いの各集落で毎年一二月から一月はじめにかけておこなわれている。とくに上村の霜月祭りは原型をよく残すものとして珍重されている。

私は竜淵寺への石段を上っていった。非常に急な石段で、大げさにいえば梯子《はしご》を上るような感じがした。この地域の人びとにとっての大地とは、横ではなくて縦《たて》に広がるものなのか、と思ったほどであった。

和田発14時30分のバスで上村へ向う。が、行先表示は「上町」である。上村は四つの地区に分けられており、その中心で村役場のある集落が上町。上村の上町とはまぎらわしいが、そうなっている。

バスが通じているのは、その上町より七キロほど先の程野《ほどの》までで、これが今回の最終目的地であるが、上町—程野間のバスは一日二往復のみで、いまからでは程野までのバスには乗れない。今夜は上町で泊り、あすの朝のバスで程野まで行くつもりである。

遠山川の両岸の傾斜は、ますます急になり、山奥へ入る気配が、濃くなってきた。

この遠山川流域は古くから「遠山郷」と呼ばれている。遠くて山また山、その名のとおりだ。

客のおばさんたちが、こんな話をしている。

「じいさんが飯田に入院してしもて、留守番がなくてなあ。冬はわしら仕事ないから家にいるんでええけど、春になったらどうしようかと思っとるわ」

木沢《きざわ》という集落で幼稚園児が四人乗り、車内が賑《にぎ》やかになった。

「木沢城跡入口」の立札が見えた。和田城の支城の一つである。遠山郷にはこうした支城が多いという。

バスは遠山川と別れ、支流の上村川沿いの国道に入る。

地図を見ると、上村川から諏訪湖への道筋は定規で引いたように一直線である。道はこまかく曲折しているが、地形的にはまっすぐの谷で、地質学で言う「中央構造線」なのだ。

中央構造線の一帯は地殻《ちかく》が揉《も》みくちゃにされるので、変成岩の宝庫となる。変成岩は緑や赤味を帯び、石英質の白い貫入《かんにゅう》などがあって、庭石として珍重される。東京へ持って行けば高価で取引されそうな見事な岩が、河原にゴロゴロしている。段々畑に無雑作に積まれた石も変成岩である。

幼稚園児たちが奪い合うようにして停車ボタンを押し、運転手に「ありがとうございます」と声をかけて下車する。バス停には母親が迎えに来ていて、毛編のチャンチャン帽を子どもにかぶせる。快晴だった空が、いつのまにか雲に被《おお》われ、バスの扉《とびら》が開くと、冷たい風が吹きこんでくる。

あい変らず道路工事の区間が多い。加えてダム工事もおこなわれているらしい。

じつは三日ほど前、現地で取材中の郷司さんから、

「工事関係者が入っていて、上村の旅館は三軒とも満員です。役場の観光課の熊谷さんに頼んでおきましたから、上村に着いたら役場へ行ってください。民宿を紹介してくれるはずです」

という電話をもらっていた。

バスは上町の集落に入った。和田の半分くらいの規模の家並だ。谷底にあるので、まだ午後三時というのに太陽は山の向うに没していた。

上村役場は質素なモルタルづくりで、勤務する人も少なかった。上村は人口わずか一〇〇〇の僻地《へきち》の村である。商工観光課係長の熊谷久一さんも、山村の若いお兄ちゃんという感じであった。

「下栗《しもぐり》の民宿に泊っていただきたいと思ったのですが、あいにく水道管が凍ってしまいましてね」

と熊谷さんが言う。

「水が出ないと泊れないのですか」

「自分たちの炊事は近所から水をもらって何とかするのですが、風呂《ふろ》が沸かせなくては客をとれんと言うのです」

泊るところがないと、あすの程野行のバスに乗れなくなる。が、

「この上町の〝ますや〟に頼んでおきました。昔の馬方宿《うまかたやど》です」

と熊谷さんは言った。馬方宿とは面白そうである。

日暮れまで時間があるので、熊谷さんの運転する小型４ＷＤに乗せてもらい、「下栗」へ向かう。

上村が四つの地区に分かれていることは既に記したが、そのうち、上町、中郷、程野は谷底の国道沿いにあり、路線バスが通じている。しかし、下栗だけは遠山川と上村川に挟まれた高い尾根の上にある。地図を見ると、標高九〇〇から一一〇〇メートルにか

けて集落が点在している。上町の標高は五六〇メートルだから、四、五〇〇メートルも登るわけである。

つづら折りの道を登る。落石の多い道だ。杉木立を通して、上村川の谷が眼下に深くなっていく。

熊谷さんは下栗の生れで、いまも下栗の上中根《かみなかね》という集落から役場に通っているという。その熊谷さんから車中で聞いた話を列記しておこう。

「私が子どもの頃《ころ》は、もちろんこんな道はなくて、歩いて通いました。沢づたいの近道ですが一時間かかりました」

「下栗には嫁をやるな、と言われるのですよ。高いところにあるので夜明けが早く、日の暮れるのが遅いので、その分だけ嫁さんが余計に働かされる、というわけです」

「上村は林業の村ですが、ご承知のように林業は不振でして、いまや道路工事が村の主産業です。この一〇年間は道づくりに専念でした。車の入らない家は一〇戸だけになりました」

「道路工事は毎年何十億もかかるのですが、村で出せるのは三〇〇〇万円がやっとでして、あとは国と県です。村の負担額の低さでは、長野県のワースト3に入るそうです」

曲折した道を登りつめると、尾根の上に出、下栗の最初の集落が現れた。斜面には石を積んだ段々畑がある。栽培されているのはソバ、ムギ、コンニャク、茶などであるが、いずれも収穫量は少なく、自家用の域を出ないという。

高い尾根の上に点在する集落をたどりながら、車は東北へと向う。この先に「ここだけは都会の人にぜひ見て欲しいのですよ」と熊谷さんが言う大野集落があるのだ。下栗の末端の集落である。

夕暮れの空はかき曇り、雪が舞いはじめた。晴れていれば前方に赤石山脈のつらなりが見えるはずだが、雪と靄《もや》にかすんでいる。

道路には落石が散乱している。熊谷さんは、

「きょうは少ないほうですよ。雨上がりの朝など、大きな石がゴロゴロとお出ましになりましてね」

と言って笑った。

中空を行くかのような尾根道を走って、大野集落に着いた。戸数は七戸、うち無人が三戸。家々の屋根には石が置いてある。石置き屋根など、もはや日本で見ることは稀《まれ》だろう。

それより何より、ここはいかなるところであるか。とても人の住めるところではない。遠山川の深い谷へと下る傾斜角度は三五度ぐらいとのことだが、車から降りて谷を見下ろせば、六〇度ほどに感じられる。この感覚の差はスキー場のリフトに乗った人にはわかるだろう。

にもかかわらず、急斜面をタテに耕して、ソバやムギが植えられている。

「ここで病人が出たら」

と私は熊谷さんに訊《たず》ねた。

「上町から救急車で迎えに来ます。救急車が出払っているときは、役場の職員がマイカーでも何でも運転して患者を収容することになっています。でも……」

と言って熊谷さんは声をつまらせた。クモ膜下出血で倒れた父君を運び下ろすうちに亡《な》くなったのだという。

　雪が遠山川の谷から上へと吹き上げてくる。

「下から上へと雪が降ってくるのですね」

と私は驚いたが、熊谷さんは、「はあ、そうですね」と気のない返事をする。下栗は天と地の境で、下界の常識など超越しているらしい。

大野から引返し、上町にさしかかると、大都会に戻ったような気がした。二時間まえには、なんと鄙びた集落かと思った上町の印象が一変していた。

　これこそ旅の極致だと思う。私は雑誌『旅』の取材者ということで、特別のはからいを受けたが、上町にはタクシーが一台あるので誰でも下栗まで行くことができる。大野まで往復すると五〇〇〇円を越えるかもしれないが、それだけの価値はある。

　今夜の宿の「ますや」は、広い土間の横に帳場と茶の間があるという、馬方宿の面影《おもかげ》を残すつくりであった。

二階の一室へ招じ入れられたが、食事は部屋へは運ばれず、帳場兼居間のコタツの上での相席である。

コタツの回りに居並ぶのは、道路工事関係の屈強な人たちばかりで、ビールや酒をぐいと飲み、豚肉とキャベツの炒《いた》めをメインとする菜と丼《どんぶり》めしを、たちまち平らげ、席を立ってしまう。往年の馬方たちは、あんなに慌《あわただ》しく食事をすませたのだろうかと思う。

宿の八七歳のおばあちゃんから、馬方の思い出話を聞いて就寝。

翌日も快晴。8時52分発のバスで程野まで行く。谷はさらに深まり、変成岩の絶壁に赤松が根を下ろす景勝地もあった。

程野へのバスの客は行きも帰りも私一人だけであった。

「上りは程野から五人は乗るのやが、きょうは和田の片町医院が休診やで、一人も乗ってきよらんな」

初老の運転手は唯一《ゆいいつ》の客の私を振り返って、ひとりごとのように言った。

濁河温泉《にごりごおんせん》（岐阜県益田郡小坂町《ましたぐんおさかちょう》）

木曽《きそ》の御嶽山《おんたけさん》への飛騨《ひだ》側からの登山道の六合目に濁河《にごりご》という温泉がある。標高は一八〇〇メートルで、日本屈指の高所温泉である。宿泊施設や電話・電灯のある温泉としては立山の室堂《むろどう》（二四五〇メートル）につぐ高さかと思われる。

いまは山菜の季節。原生林は瑞々《みずみず》しい新緑のはず。付近に数多いという滝も雪どけで水量を増し、見事だろう。

ありがたいことに、この濁河温泉へはバスが通じており、高山本線の飛騨小坂《ひだおさか》から一時間半で到達できる。ただし、交通公社の『時刻表』には、

「予約制のため乗客ゼロの場合は運転しないことがあります」

とあって、濃飛《のうひ》乗合自動車の電話番号が記してある。どうも心細いバスだが、それだけに乗りたくもなる。

天気図を眺《なが》めて私なりに天候を予測し、六月三日に行こうと決める。写真の郷司さんは一日に出発して三日ほど滞在とのことだから現地で落ち合えるはずである。

二日ずれるのは適度だ。というのは、郷司さんは雨男で、あの人と行を共にすると雨

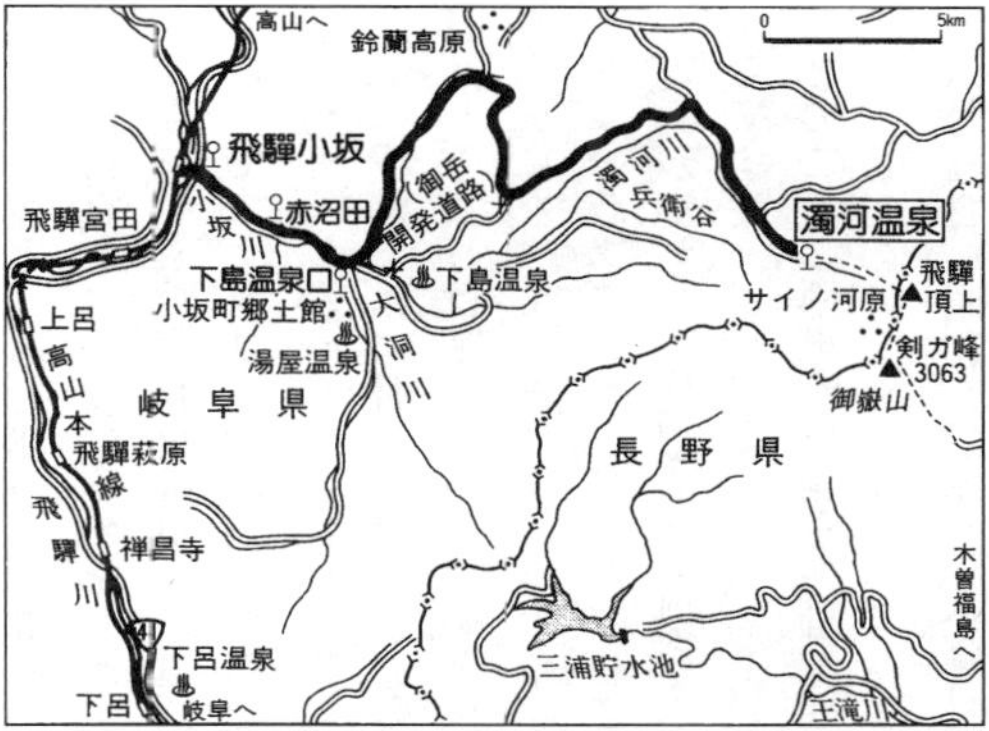

に降りこめられる。二日ずらせば雨から晴れに変るのは自然の理である。天気図による私の予測は、二日は雨、三日から晴れ……。

というわけで、三日に濁河へ行くことにし、まず「旅館御岳」に電話をかけた。野趣に富んだ露天風呂《ぶろ》があるそうです、と編集部から推薦された宿であった。

客の少ないはずの六月なのに、意外にも「満員です」とのつれない返事。「乗客ゼロの場合は運転しないことがあります」のバスと「満員につきお断り」の宿とは違和感がある。しかも、電話の応対が無愛想だ。

日本式旅館が一人客を歓迎しないことは十分に体験してきているけれど、あまりに無愛想なので濁河温泉へ行きたくなくなってきた。しかし、郷司さんはすでに出発しているはずであり、いまさら行先を変更するわけにはいかない。

それで、「嶽の湯旅館」というのに電話をかけた。これも愛想がいいとは言えなかったが、どうぞ、との答え。編集部からの情報によれば、ご主人は「強力《ごうりき》」、つまり山小屋などに食糧や荷物をかついで登るのを業とする人だったという。

つぎに「濃飛乗合自動車」に電話し、「三日の小坂発16時35分」を予約した。

これでスケジュールが決ったので、小坂町の役場に電話をかけ、三日の午後にお訪ねして何やら話をうかがいたいと申し入れた。

私の予測では六月二日は雨、三日と四日は晴れのはずであったが、低気圧の東進が一日遅れ、二日は晴れ、三日は雨という天気予報になった。これでは郷司さんが晴男で私が雨男になってしまう。

ケシカラヌことだと、六月二日の晴天を自宅から見上げていると、編集部の竹内君から電話があり、「郷司さんが風邪をひきましてね、それで出発が一日遅れまして、今日からです」

とのこと。雨男が出発を一日延期したので雨の神もそれに付き合ったのだと納得する。

六月三日（昭和六二年）、水曜日。雨。東京発9時12分の新幹線に乗る。名古屋から名鉄の特急「北アルプス」に乗り継げば高山本線に直通して、13時32分には飛騨小坂に着けるはずであった。

ところが、変電所の故障で新幹線が一五分遅れ、「北アルプス」に乗れなくなった。

そのつぎの高山本線の列車は特急「ひだ5号」だが、飛騨小坂には停《とま》らない。私は下呂《げろ》からタクシーに乗る破目になった。今回は天候もスケジュールも思うままにならぬ。雨だけが予報どおりに降りしきっている。

午後三時半、小坂町役場に着いた。

濁河温泉を含む御嶽以西の山岳地帯は小坂町の行政区域である。町役場の標高は五二三メートル、濁河温泉は一八〇〇メートル、御嶽山は三〇六三メートルだから、ずいぶんと高低差のある町域ではある。

企画観光課長の橋本嘉行さんに遅刻をお詫《わ》びしてから、話をうかがう。

「小坂町は林業の町です。しかし、安い輸入材に押されて、しかも円高で……」

「若年労働者は仕事がないので、町外へ流出していきます」

「カモシカの被害も頭の痛いことです。ヒノキの苗の新芽を食うのです。カモシカは特別天然記念物として保護されていますので勝手に捕殺することはできませんし」

日本の各地を旅していて、カモシカの被害についての苦情を耳にすることが多い。すでに記した下北半島の脇野沢《わきのさわ》村でもそうであった。

林野庁、環境庁、文化庁の三者による相反する立場での協議はおこなわれており、小坂町の場合は年間一〇〇頭程度の捕殺は認められるのだが、

「効果があるのかどうか、はっきりしません。捕殺したぶんだけ新手のカモシカが山の上から下りてくるようでもありまして、実態も効果もよくつかめないのです」

とのこと。

冴《さ》えない町況のなかで、やや明るい材料は観光客が漸増《ぜんぞう》の傾向にあることだという。小坂町には湯屋《ゆや》、下島《しもじま》、濁河の三つの温泉があり、山深く緑濃い自然にも恵まれている。町も観光客誘致には力を入れ、小坂川の清流に沿うサイクリングロードやカヌー場をつくったりしている。

とはいえ、高山と下呂温泉には客が溢《あふ》れても、その中間にある小坂に立ち寄る人は少ない。

「御嶽山にロープウェイをという話もあるのですが、御嶽教の人たちが反対しますしね。私たちとしても信仰の山を荒したくありませんし、自然の保存で観光客をひきつけたいと思っています」

「廃止になった森林鉄道の一部を復活して、トロッコ列車を走らすのはどうでしょうか」

と私は手前味噌《てまえみそ》を言った。

「ええ、それができると話題になると思うのですが、レールも枕木《まくらぎ》もはずしてトラック用の林道になってしまいましたし……」

打つ手はなさそうであった。

「ところで」と私は言った。「旅館の電話の応対はどうにかなりませんかね。ああ愛想がわるくては観光客の気勢が殺《そ》がれます。去年、湯屋温泉のM館に電話したときも感じがわるかったです。もっとも、実際に行ってみると電話の印象とは全然ちがいましたけれど」

とたんに橋本さんと同席した中島規久男さんが顔を見合わせて笑いだし、肯《うなず》き合った。

「そうなんですよ。みんな人はいいんだが、要するに電話の応対がヘタなんですねえ。どうにかしなければ、いけませんなあ」

この役場にしてもそうだ。電話での第一印象より、こうして話を聞いているときのほうがずっと感じがいい。


濁河温泉行はマイクロバスで、一七人乗りであった。客は私と高校生らしい少女一人だけである。そのかわり、段ボールの荷物が何個も積みこまれ、席を四つも占領している。スイスの郵便《ポスト》バスのようだ。

発車まぎわに、荷物を抱えたおばさんが駆けこんできて、運転手に託す。「濁河までは四〇〇〇円」と、荷物の料金も定められている。

16時45分に雨のなかを発車し、小坂川の渓流に沿って一〇分ばかり走ると落合という集落がある。大洞《おおぼら》川、濁河川、小黒川の三つの流れが合流して小坂川となる地点である。

その落合で少女が下車し、客は私一人になる。

「お客さん、こっちへ来ませんか。ここのほうが揺れませんよ」

と運転手が隣の席を指さす。他の客席とは離れた一段高いところにある「特別席」で、添乗員用かと思われる。それで遠慮していたのだが、坐《すわ》っていいとなれば最上の場所である。喜んで席を移す。

親切で感じのいい運転手だが、電話に出れば愛想がわるいのだろうなと思う。四〇歳ぐらいで、色黒く、山岳バスのハンドルを握るにふさわしい精悍《せいかん》な顔つきをしている。

絶好の展望席を提供されてご機嫌《きげん》になり、二万五千分の一の地図を膝《ひざ》に広げる。これから濁河川の深い谷を巻く険路の「開発道路」に入るはずである。さいわい雨はやんで、ワイパーが止っている。

ところが、バスは北側の小黒川に沿う県道441号線に入った。地図によると、この谷はさして険しくない。遠回りでもある。

運転手に訊《たず》ねると、開発道路は廃道になった由《よし》。スリルと絶景を期待していたので落胆する。

バスは小黒川の流れに寄り添って上っていく。雨は止《や》んだが、風が強い。ひと吹きするたびに木々の葉が裏返って山肌《やまはだ》が白くなる。

標高一〇〇〇メートルを越えると、左から銀右衛門《ぎんえもん》谷というのが滝となって合流する。小坂町内には滝が多く、

「現在のところ一六三もの滝があります」

と役場の橋本さんが言っていた。「現在のところ」とは妙だが、ときどき新しい滝が発見されるので数が増えていくのだという。

「去年の夏に一つ見つかりまして、それで現在のところ一六三ですね」

　飛騨の山は深いのだ。

「お客さんは鈴蘭《すずらん》高原じゃありませんね」

と運転手が訊ねる。この先の朝日村側に鈴蘭高原というゴルフ場などのあるリゾート地が開発されており、客があればバスが立ち寄るのだという。運転手の話によると、例の「予約制」は鈴蘭高原で乗降する客の場合のみで、濁河温泉へは客が無くても運行するとのことであった。


　鈴蘭高原入口で右へ折れ、こんどは南へ向う。依然として曲折した上り道である。耳がツンとなる。標高一四〇〇メートルを越えた。

　登り終えて、あたりが高原状になった。雨に濡《ぬ》れたカラマツやモミの葉が色鮮やかだ。その穏やかな眺めもわずかで、まもなく廃道になった開発道路跡と合すると、濁河川の谷の上縁に出る。V字型の深い谷で、地図の等高線を数えると、谷底まで四〇〇メートルもある。ちょうどこの真下に根尾滝という大きな滝があるのだが、谷が深く切れこんでいるので見えない。

　しかし、雄大な濁河川の谷にかかる霧とも霞《かすみ》とも雲ともつかぬ水蒸気の美しさはどうだろう。山水画を一八〇度の広角にしたような大展望だ。雨が降りしきっていては単調に霞んでダメだが、雨が上って天候が回復しかけたときは視界がよく、水蒸気も濃淡があって、すばらしい演出になる。雨男に晴男が加わろうとする絶妙なタイミングであろうか。東洋的風景美の極致だ。それを見せてくれた功績の半分は雨男にある。濁河温泉に着いて、また雨でとショゲている郷司さんに会ったら、その旨《むね》を言って慰めようと思う。

ワイドな水墨画を眺めながら濁河川の谷の上を張りつくようにして走ると、バスが停った。「展望台」というバス停で、東屋《あずまや》が設けられている。時刻は17時27分。小坂から五〇分の地点である。

「晴れていれば御嶽山がよく見えるんですがなあ」

と運転手が気の毒そうに言う。

乗る客はいないのに停車したのは、営業所と無線で交信するためである。

「現在地、展望台です。お客さんは一名」

「了解。大雨洪水《こうずい》注意報が出ています。落石に注意してください」

「了解」

バスは、ふたたび急斜面に張りつく道を走りだした。運転手はハンドルを右へ左へと回しつづけ、休むことがない。

「転落する車もあるんでしょうなあ」

と私。落ちてくれるなという願いもこもっている。

「そりゃありますよ」と運転手は事もなげだ。「やっぱり若い衆の運転するマイカーがほとんどですな。ガードレールの切れ目から、うまいこと落ちよるわ」

「……」

「わしらにはでけん芸当ですなあ」

運転手は、わが意を得たといわんばかりに、両手を上げた。一瞬だが、ハンドルから手が離れたので、当方はヒヤッとする。

運転手に話しかけるのはやめにし、黙って崖《がけ》っぷちを曲りくねる道の前方を眺めていると、バスが停り、運転手が崖の下を指さす。

見ると、転落した乗用車の残骸《ざんがい》がある。よほど衝撃が強かったのか、車体が二つに割れて散っている。

「あれじゃ、助からないでしょうな」

「もちろん、みんな死んだ」

素っ気ない答えとともに、バスは走りだした。

林相が変った。

立枯れのモミや倒木が目立ってきた。高山の様相である。白樺《しらかば》も多くなった。

「濁河温泉まで三キロ」の標識を過ぎたのが17時50分。まもなくスキー場や山荘が現れ、17時58分、終点の濁河温泉に着いた。バス停は、宿泊を断られた旅館御岳の玄関先にあった。

運転手に、これからの勤務を訊ねると、今晩は濁河で泊り、あすの9時40分発で小坂、さらに下呂へと下る予定だとのことであった。

バス道を少し戻ると、今夜の宿の嶽の湯旅館がある。さきほどその前を通ったので下車してもよかったのだが、「終点へ」にこだわったのである。バスは通ったのに降りてこないのを心配したのだろう、郷司さんが途中まで迎えに来てくれた。玄関に現れたおかみさんも、電話とは別人のように愛想がよかった。

まずは一浴。ヒステリーなど婦人関係の病気に効くという泉質である。

そして郷司さんとともに夕食。山菜、イワナ、キノコ鍋《なべ》、朴葉《ほおば》で包んだ寿司《すし》などが並んだ。

それらを肴《さかな》にして地酒の「天領」という辛口の酒を飲む。スギ、ヒノキの美林に恵まれた木曾、飛騨は天領だったのだ。

飲み食いしながら、雨もまた佳との議論をしていると、主人の倉田雅人さんが可愛《かわい》らしい男の子を抱いて現れた。まだ四八歳なのに孫がいて、みんなからお爺《じい》ちゃんと呼ばれている。

「いまはヘリで運ぶからな」

という倉田さんに強力時代のことを訊ねる。

「米俵三俵背負って登ったものよ」

一俵は六〇キロだから三俵で一八〇キロである。私は若い頃《ころ》、一俵背負ったことがあるが、背負うだけがやっとで、一歩も歩けなかった。だから、信じ難いと首をかしげると、

「あした、あんたがた二人、ひとまとめにして背負ってやろうか」

と倉田さんが言った。

低気圧の去った翌日は快晴。

ヒノキをはじめ、イチイ、シラベ、ツガなどの原生林をとおして残雪の御嶽山を眺め、滝めぐりをし、露天風呂に入る。

私はこれで満足したので、11時10分のバスで帰ろうと思う。

郷司さんは、もう一泊し、今晩の夜中に宿を出て御嶽山に登る予定になっている。倉田さんが、案内してやると言うので、好意を無にできず、登ることにしたのだそうだ。

「シンドイのですが、おやじさんが、登れ、あんたも男だ、逃げることは許さんぞ、なんて言うもんですから仕方がありません」

と郷司さん。愛想はわるいが、心は暖かいのだろう。飛騨の山は深い。

祖母《ば》ヶ浦《うら》（石川県鹿島《かしま》郡能登島《のとじま》町）

日本海に長く突き出た能登半島を怪獣の首にたとえれば、七尾《ななお》湾はパクリとあけた口、その口の中に大きく広がっているのが能登島《のとじま》である。

だから能登島は「離島」ではなく、能登半島の一部と言ってよいほどだが、やはり島であって、江戸時代には政治犯の流刑《るけい》地であった。面積は四七・五平方キロで、かなり大きく、「一島一町」の能登島町を形成して四三〇〇人が住み、半農半漁の生活を営んでいる。

昭和五七年四月、この能登島へ島民の悲願であった橋が架かった。長さ一〇五〇メートルの「能登島大橋」である。これによって能登島は「本土と陸続き」になり、能登半島の中心都市七尾から直通バスが運行されるようになった。

一一月三〇日（昭和六二年）、月曜日。金沢発9時56分の急行「能登路3号」で、七尾へ向う。昨夜の金沢は氷雨《ひさめ》が降って寒かったが、きょうは快晴で暖かい。「曇、ときどき小雨または小雪」の天気予報が見事にはずれている。毎度のように好天に恵まれる

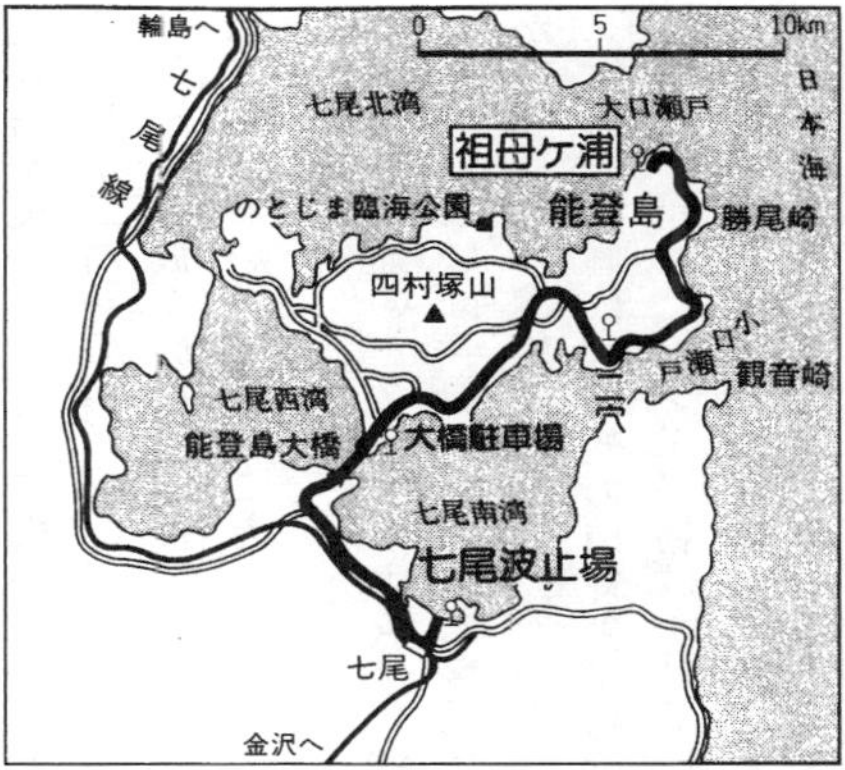

運の強さはありがたいが、毛皮の襟《えり》つきの厚いヤッケを着こんできたので、暑い。雪道に備えてのブーツも重い。

ガラ空きのディーゼル急行は、アカマツの林やブドウ畑のつづく砂丘を走り、羽咋《はくい》からは地《ち》溝帯《こうたい》に沿って能登半島を斜めに横切り、右窓の山頂に七尾城跡を望みながら、11時00分、七尾に着いた。

駅前広場の右手にバスの発着場があり、行先別に乗り場が分けられている。私が乗るべき能登島交通のバスの起点は「七尾波止場《はとば》」であるが、編集部から提供された時刻表によれば「波止場発11時50分、七尾駅前発11時53分」となっている。駅前から乗ってもよいわけである。

しかし、五〇分も待ち時間があるので、私は、港町らしい風情《ふぜい》の漂う七尾の家並のなかを波止場へと歩いて行った。起点からキチンと乗ってみたかったし、「波止場」の響きも好ましかった。

ブラブラと歩くうちに、海の香りがし、駅から一〇分ばかりで波止場に着いた。カモメの舞う岸壁の先は波静かな七尾湾で、その向うには能登島が視界いっぱいに広がっている。平べったい穏やかな島だ。中央の左寄りに見える突起が最高峰の四村塚山《よつむらづかやま》であろうが、標高は一九七メートルにすぎない。

そんな平板な島なのだが、海岸には第三紀層特有の白い崖《がけ》がつらなっていて、平地のほとんどない島であることがわかる。


能登島交通のバスターミナルは、吹きっさらしの波止場にある木造の古びた建物であった。入口には「能登海上観光株式会社」と書かれた大きな板が掛けられている。ここが能登島への渡船場だったのである。

建物の外側には、船の切符売場の跡の小さな窓口が三つ並び、「東島」「中乃島」「西島」と書かれたペンキが剝《は》げかけている。これは島が三つあるからではなく、能登島が東島村、中乃島村、西島村の三村から成っていた当時の名残りで、三方向への定期船が運航されていたのだろう。

扉《とびら》をあけて中に入ると、広い待合室があり、壁にバス路線図が掲げてある。それによると、能登島内で路線が三つに分れ、かつての三村へと向っている。船からバスに代っても、交通体系は変っていないのだ。バスの起点が「駅前」でなく「波止場」となっているのも、唯一《ゆいいつ》の交通機関であった船への仁義のように思われる。

私が乗る11時50分発のバスは、旧東島村の東北端まで行く「祖母《ば》ヶ浦《うら》ゆき」で、この路線がいちばん長い。

発車時刻が近づくと、能登島交通のバスがやってきた。旧渡船場の待合室にいた一五人ほどの客が乗りこむ。ほとんどが毛糸の半纏《はんてん》を着こんだおばさんで、紙袋や風呂敷《ふろしき》をさげている。七尾の町へ買物に来ての帰りであろう。

定刻に発車して、私の歩いてきた道を二、三分走ると「七尾駅前」に停車した。ただし、駅前のバス乗降場ではなく、駅から少しく離れたところである。なぜここが「駅前」なのか、と不審に思っていると、バスは駅には立寄らずに右折し、国道249号線に出た。もし駅の前で待っていたならば、一日五本しかないバスに乗り損なうところだった。どうしてこんな不親切なルートにしたのかと思う。

車内のテープ放送も、

「大橋駐車場までは下車できません」

と、妙なことを言う。

能登島大橋は七尾から六キロほど離れた和倉《わくら》温泉の近くに架けられており、大橋駐車場は能登島側の橋の袂《たもと》にある。その間にいくつかのバス停があるのだが、下車してはならぬというのである。

なんたる不可解なバス、と首をかしげているうちに事情がわかってきた。――七尾と和倉の間には北陸鉄道のバスがある。その既得権を侵さぬという条件で能登島バスの七尾乗入れが認められたのではないか。これについては、あとで運転手に訊《たず》ねてみたが、そうだとのことであった。世知辛《せちがら》い話だが、能登島へ渡る客以外は乗せないという点では、正に渡船の代行バスである。

乗るのは可、下車は不可だから、停車するたびに客が増え、和倉温泉駅前では約三〇人になった。昼間帯のバスとしては乗車率がよい。

いよいよ能登島大橋にさしかかる。海上橋としては日本第三位の長さだというが、大鳴門橋や関門橋のような海峡をひとまたぎにする高い吊橋《つりばし》ではなく、一八本もの橋脚をつらねた低いコンクリート橋である。下を通るのが小さな漁船ばかりなので、こうした設計にしたのであろう。

それでも、中央部の高さは二一・七メートルあり、橋上からの眺《なが》めがよい。景勝地の「屛風瀬戸《びょうぶせと》」に架けられているので、白い崖と松の緑と七尾湾の青さとが調和し、「風光明媚《めいび》」がぴったりするような景観である。

気持がよくて、いつまでも渡りつづけていたいような能登島大橋であったが、バスは容赦なく快走して、たちまち渡り終え、アカマツの林のなかに設けられた広い駐車場に入った。ここが「大橋駐車場」で、約一〇人が下車した。

屋根のある立派な停留所に「通ゆき」のバスが停《とま》っている。通《とおり》は旧西島村の北端に近い集落である。下車した客が、そのバスに乗り移る。

なるほど、と思う。この大橋駐車場は、いわば能登島の玄関口をなす「波止場」で、客たちは渡船時代と同様に、それぞれの村へと散って行くのだ。

私の乗っている祖母ヶ浦行のバスは直通だが、この大橋駐車場で乗りかえる場合もあるという。七尾まで二系統のバスを乗り入れることもあるそうで、能登島交通は一〇台の所有バスを活用して柔軟な運行をやっているらしい。

客の減った祖母ヶ浦行のバスは、能登島の南岸を行く。海辺には、わずかな水田がある。能登島特有の「石垣田《いしがきだ》」だ。「石垣田だった」と言ったほうが正しいだろうか。石垣田というのは、海中に石垣を築いて干拓し、そこを水田としたものである。川らしい川がなく、平地に恵まれない能登島では、こうした方法で水田をつくるほかはなかったのだ。

いまは石垣がコンクリートの護岸に変り、「石垣田」は少なくなったが、わずかに残っているという。それを見たいと、私は窓外に眼《め》をこらした。

一カ所だけ、それらしいものが見えたが、バスの車窓からでは確認しがたい。石垣田を見たければ、バスを降りて海岸を丹念に歩くか、船を出して海上から眺めるほかないのだろう。

しかし、石垣であれコンクリであれ、事情は変っていないようだ。どの水田もネコの額さながらの小区画なのに休耕地はなく、今年の収穫が終ったことを示す切株が並んでいる。耕耘機《こううんき》など活用できそうにない狭い田で、効率が悪いにちがいないのだが。

佐波《さなみ》という海辺の集落を過ぎる。ここは七尾からのフェリーが発着したところである。しかし、能登島大橋の開通によってフェリーは廃止となり、当時を偲《しの》ばせる待合所や食堂が扉を閉ざしているのみであった。

海上には小さな島々が点在している。どれも白い崖の上に松をのせた形のよい島である。

見とれているうちに、バスは海岸から離れ、アカマツとスギの茂る丘陵のなかに入った。

が、それも束《つか》の間《ま》で、低い峠を越えると、前方に海が見えてきた。これは北側の海である。能登島は東西に大きく広がっているが、このあたりはクビれていて、島の幅は二キロしかない。そういう立地条件だからであろう、島の中心部をなしていて、島内最大の向田《こうだ》集落があり、町役場がある。

バスは向田の入口で右折し、ちょっと走ると、また右折し、こんどは南へ向う。終点の祖母ヶ浦は北東の位置にあるから、南へ向うとは遠回りだが、あちこちの集落に立ち寄って行くのである。

峠のトンネルを抜け、狭い谷間を少し走ると、ふたたび南側の海が現れ、二穴《ふたあな》という海岸の集落に着く。数人の客が降り、残るは一〇人ほどになった。

二穴から先の風光は、これまで以上によく、白い崖の上に松をのせた岬《みさき》を二つ三つとめぐる。富山湾の向うには雪の立山連峰も望まれた。

ゴムタイヤのバスの感触は私の好みではない。一定の間隔をおいてコツンコツンとレールの継目の響きの伝わってくる鉄道が好きである。しかし、こうして能登島を走っていると、これもまたよく、非常に楽しくなってきた。

野崎という、やや大きな集落に着き、五、六人の客が降りた。ここからは島の東側を北へ向う。外洋に面しているからであろう、強い汐風に曝《さら》されて家々の壁板が白っぽく、反りかえっている。旧石垣田のコンクリート護岸も高くなり、海上には白波が立っている。これまでは波静かな内海の穏やかな眺めであったが、ようやく北国の海岸らしくなった。

長崎、鰀目《えのめ》、八《はち》ヶ崎《さき》と停車するうちに客が減り、紫色の半纏のおばさんと私の二人だけになった。つぎは終点の祖母ヶ浦である。島の東北端だ、バスの終点だと思うからであろうか、さい果てに来たような気分がする。が、バスが北端の岬を回ると、狭い大口瀬戸の向うに大きく横たわる陸地が見えている。やはり能登島は能登半島に抱かれた島なのだ。

と思うまもなく民家と小さな漁港が現れ、12時50分、終点の祖母ヶ浦に着いた。

七尾波止場から一時間、能登島大橋から四〇分乗ってきたわけだが、あっけなく着いてしまった感じで、ものたりない。あと一時間ぐらい乗りたいなあ、と思うが、ここがバスの終点で、先は海だから、降りるしかない。

しかたがないので、運転手さんと少し話をした。北陸鉄道バスとの競合の事情などは、このとき聞いた。

バスから降りると、思わず襟をかき寄せるほどの寒風である。けさの金沢では厚着を後悔するほどだったが、祖母ヶ浦では毛皮つきのヤッケが適当である。

祖母ヶ浦は、地名事典によれば「世帯三七、人口一七五」となっているが、見回したところ、それほどにには見えない。統計は正しいのだろうが、バスから降り立ってみれば、その半数以下のような淋《さび》しい漁村であった。この「数字と印象の差」は、どこへ行ってもそうである。

そんな印象の祖母ヶ浦であって、ここまでバスが通ってくれるのは格別のはからい、と思われたが、「民宿」は数軒ある。

それらを急ぎ瞥見《べっけん》してから、「堀井」をいう民宿を選んだ。

扉をあけ、「ごめんください」と声をかけたが返事がない。漱石の『草枕』のようだが、返事がないのに業《ごう》を煮やして、だんだん大声になるうちに、ようやく返事があって、真っ黒に陽焼《ひや》けしたおっさんが現れた。

今夜一泊したい旨《むね》を述べると、おっさんは鷹揚《おうよう》に肯《うなず》く。泊めてやる、といった風だ。が、つづいて現れたおばさんは亭主とは正反対に愛想がよく、ようこそと、私の肩を抱くようにして招じ入れた。夫婦の愛想というのは「足《た》して二で割れば一」というのが通例で、そのあたりのことは還暦を過ぎた私としては、わかっているつもりだが、この夫婦は両極端だ。旦那《だんな》は漁師で、魚を相手にしているから、人間など眼中にないのだろう。「一泊二食で五〇〇〇円ですが、よろしゅうございますか」というおかみさんに、「もっと高くてもいいから、おいしい魚を食べたい」と頼んで外に出、13時15分発のバスに乗る。私が乗ってきたバスの折り返しである。何も無さそうな祖母ヶ浦で午後の半日を過してもしょうがないので、能登島を探訪してみようというわけである。バスに乗り足りないという気持もあった。

さきほど乗ってきた路線を半分ほど引返し、町役場に立寄って企画課の宮原裕子さんから各種のパンフレットをもらい、

「能登島は政治犯の流刑地だったそうですから、頭のいいご落胤《らくいん》がたくさんいるのでしょう」

「それが、残念ながらいないのです」

というような会話をかわしてから、宮原さんのすすめで、旧中乃島の北端に開設された「のとじま臨海公園」へ行った。役場からバスで一〇分ほどのところである。

すすめられるままに、さしたる期待もなく行ってみたのだが、意外にも大規模な施設で、イルカショウなどもおこなわれていた。とくに水族館は工夫をこらしたもので、回遊水槽《すいそう》を泳ぐブリやシマアジの大群には圧倒された。私は魚の、あの非情な眼玉が好き

で、水族館にはかならず立寄るが、これほど迫力のある水族館ははじめてであった。

大いに満足して役場に戻り、夕暮れの祖母ヶ浦行のバスに乗る。昼間のバスとはちがい、高校生で満員であった。

その晩の民宿の膳《ぜん》は、特別料理を注文したゆえもあって豪華だった。

そのすべてをメモしてきたが、披露《ひろう》する紙幅は、すでにない。書いてみたって、ヤキモチを焼かれるだけだろう。

大《おお》杉《すぎ》（三重県多気《たき》郡宮川《みやがわ》村）

山地に入ると鉄道は川に沿う。川がつくってくれた緩い勾配《こうばい》を利用して線路が敷かれるからである。

その川に支流が合する。遡《さかのぼ》る側から言うと二つに分れる。線路は、どちらかを選んで寄り添って行く。もう一方の流れは車窓から遠ざかり、谷の奥へと消える。あの川にも沿って入ってみたいと心をひかれる。

大きな支流が合流するところには集落があり、駅がある。途中下車したくなる。紀勢本線の三瀬谷《みせだに》は、そうした駅の一つである。

名古屋、松阪方面からの下りの列車が多気《たき》で参宮線と分れると、進路を西南に変えて熊野《くまの》を目指す。山が迫ると、左に宮川《みやがわ》が沿ってくる。そして河岸段丘の上の三瀬谷に着く。名古屋から特急で二時間、松阪から鈍行で三五分。駅の構内には、上流で伐《き》りだされた木材が積んである。

ここで紀勢本線は左に九〇度以上もカーブしながら宮川を渡り、支流の大内山川に沿って上って行くのだが、別れ去る本流の方角を右窓から見るに、山も谷も深く、木曾川にも似た風格を漂わせている。事実、宮川を遡れば滝と吊橋《つりばし》の連続する大杉谷があって、黒部峡谷に比較される険しさを見せているというし、雨量の多いことでは日本屈指の地域なので、スギ、ヒノキが存分に育っているらしい。大杉谷の名もそれを示している。

今回は三瀬谷から宮川本流の谷に入ってみようと思う。ガイドブックによれば、大杉谷の手前のダム湖までバスがあり、一時間余とある。

このバスの時刻は市販の『時刻表』には載っていないので、編集部に頼んで三重交通のバス時刻表を入手する。一日四往復（他に季節、週末運転が二本ある）で、私は三瀬谷発13時15分のバスに乗ることにした。

つぎに『宿泊情報』（日本交通公社刊）の西日本篇を開き、泊るべき宿を探す。ホテル・旅館のリストとしては、これがもっとも詳しい。

それによると、宮川村の旅館が二軒掲載されている。ただし、一軒は「当分休業」とある。もう一軒は西村屋という旅館で「全七室」と書いてある。私は、そこへ電話をかけた。

意外にも連日満員で、泊れるのはあすの一九日だけですとの返事。もう紅葉シーズンは過ぎており、谷の奥の僻地《へきち》の宿がなぜ活況を呈しているのか理解できないが、あしたしか泊れないとなれば、都合してそれに合せるほかはない。

一一月一九日（昭和六一年）、水曜日。八時二〇分に東京駅の新幹線の切符売場へ行く。この時間帯の新幹線は混《こ》んでいて、各列車とも指定券は満席との表示がしてある。

8時42分発の自由席に辛《かろ》うじて空席を見つけて坐《すわ》り、名古屋着10時34分。近鉄特急の10時50分発に乗り継いで松阪着11時58分。駅内で軽く昼食をすませ、12時25分発の紀勢本線の鈍行新宮《しんぐう》行に乗った。ディーゼルカーの三両編成で、客は地元のおばさんが多い。新幹線や近鉄特急からこういう列車に乗り移ると、世界が変る。

丘陵から山間に入って左窓に宮川が姿を現し、13時10分、三瀬谷に着いた。時刻表には「13時40分」とあるが、これは発車時刻で、三〇分も停車するのである。

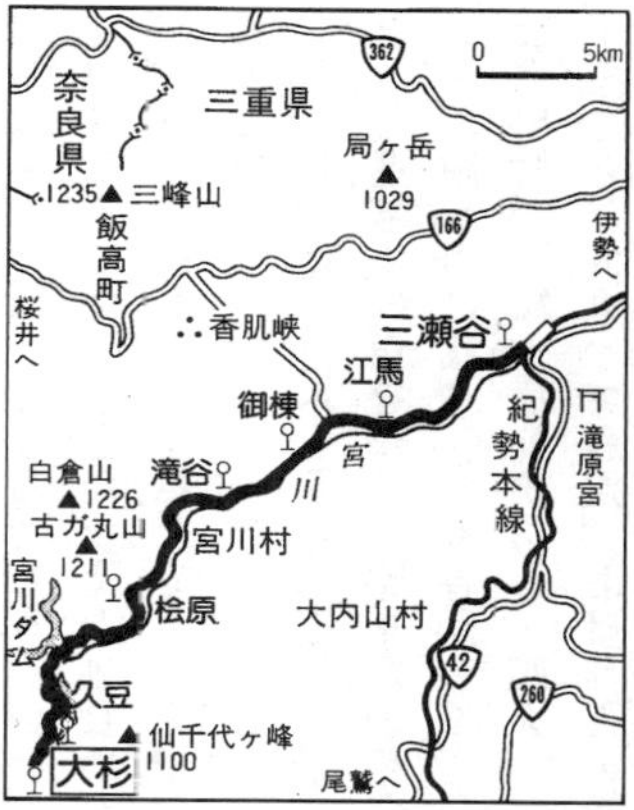

駅前にバス会社の営業所があり、行先表示「大杉」のバスが停《とま》っている。時刻表によれば、このバスは松阪始発で、三瀬谷で一〇分停車して13時15分に発車する。

定刻に走り出す。客は一二、三人で、老人が多い。若者は一人だけである。

三瀬谷の家並を出はずれると、紀勢本線の線路が左の大内山川沿いにと消えて行く。これまでとは逆の立場からの眺《なが》めである。処女地への期待で気分が高まるが、バスでなくて鉄道だったら、もっと楽しいのにとも思う。

線名は「大杉線」となるだろう。いい名だ。

バスは青緑色の水をたたえた細長いダム湖の北側に沿って走る。両岸は杉や檜《ひのき》の植林で、下枝を払われて整然と立ち並んでいる。その木立の下にはシイタケ栽培のホダ木が積んである。

ところどころに小さな集落とバス停があり、一人二人と下車する。みんな「ありがと」と運転手に声をかけ、腰をかがめて降りていく。

ダム湖が川に代り、三瀬谷から二〇分で江馬《えま》という、やや大きな集落に入る。ここには宮川村の役場や病院がある。四人の客が降り、代ってお婆《ばあ》さんが嫁らしいおばさんに手をとられて乗ってきた。おばさんの手提袋から薬の紙袋がのぞいている。病院に通っているのであろう。客は差引き七人になった。

両岸の山の傾斜が急になり、宮川が渓谷《けいこく》になった。岩肌《いわはだ》が露出し、河中には巨岩がある。

人家は少なくなったが、バス停は小まめに設けられている。その一つの御棟《おむなぎ》という雅《みやび》な名の停留所で病院通いらしい老婆《ろうば》とおばさんが下車した。家が数戸あるだけのところで、なかには雨戸を閉ざし軒の傾いた廃屋もある。

紅葉は終り、スギ、ヒノキの美林に混在する闊葉樹《かつようじゅ》が茶褐色《ちゃかつしょく》に変じている。わずかに柿《かき》の実だけが鮮やかだ。民家の軒先には干柿が吊《つ》るしてある。

「サル捕獲機、近寄ると危険」と書かれた大きな檻《おり》が路傍にある。通路の向いのおばさんに訊《たず》ねると、

「畑の大根を引き抜いたり、わるさをするからのう」

とのこと。捕まえたサルは松阪の近くの動物園へ送るのだそうだ。

ときどき丸太を積んだトラックがやってくる。宮川は林業の村である。道幅が狭いので、バスは谷側の崖《がけ》のギリギリまで寄って、やっとすれちがう。

トラックが道を占領して丸太の積みこみ作業をやっている。バスは作業が終るのを待つ。こういう時間も時刻表作者の計算に入っているのか、バスは数分ぐらいの遅れはすぐ取戻す。

しだいに山が深く険しくなった。山肌のあちこちに岩塊が露出し、あるいは断崖《だんがい》をなしている。道の上に突き出た岩もある。地図を見ると「天狗嵓《てんぐぐら》」などと名称が記されたのもある。「嵓」は岩の崖といったほどの意であろうか。ようやく大杉谷の片鱗《へんりん》がうかがえるようになってきた。まだ午後二時前というのに太陽は山に遮《さえぎ》られ、谷が暗い。

二時ちょうど、久豆《くず》という集落に着く。南に面してやや広い平地があり、民家も三十戸ぐらいはある。ここだけは日がさしていて、のどかそうに見える。残っていた客はみんな降り、私一人になった。

これまでは谷の北側ばかり走ってきたが、久豆で対岸へ渡り、山肌の急な登りになる。

まもなく右に宮川ダムが現れる。昭和三一年の完成で、堰堤《えんてい》は高さ八八メートル、長さ二三一メートル。周囲の山のスケールが大きいため、それほどには見えないが、第一級の大きなダムだ。

大堰堤を過ぎるとダム湖で、その岸を二、三分走ると終点の大杉である。ここから歩いて二〇分ほど登った山中に樹齢何千年とかの杉の大木があり、ご神体になっているという。

大杉の集落は家が八戸、人口二七。ダム湖ができるまでは対岸に四〇戸ほどの家があったが、水没を機に離散し、一部がこちら側の湖岸に引越したのである。すでに三〇年を経ているので、どの家も黒ずみ、山の気に溶けこんでいる。そのなかに「大杉谷登山センター」という、この六月に開館したばかりの新しい二階建てがあって場ちがいな感じがしないでもない。一階は登山者の安全管理のための事務所で、若い女性が一人おり、二階は陳列館になっている。

この大杉集落からダム湖の奥まで観光船がある。観光というよりは奈良県の大台ヶ原から大杉谷へ下ってきた登山者を乗せるためで、四月から一一月まで運航される。さいわい、いまは一一月だが11時30分と13時00分の二便だけなので、きょうはもう乗れない。あした乗ることにする。

バスが着いたときは気がつかなかったが、一軒の家の板壁に「美杉旅館」と書かれた小さなトタン板がかかっている。入口が茶店になっているほかは他の民家と変りのないつくりだ。

大杉に旅館があるとは知らなかった。底冷えのしそうな宿だが、ここに泊ればよかったと思う。しかし、西村屋を予約してしまったから仕方がない。西村屋はバスで一〇分余り戻った桧原《きそはら》というところにある。

バスは15時00分発なので、まだ三〇分ある。太陽は山に隠れて外は寒い。

美杉旅館の茶店に入る。誰もいないが石油ストーブが燃えていて暖かい。

声をかけてみると、色白の小ぎれいなおかみさんが現れた。そして、私を泊り客と思ったのか、

「きょうは、あいにく病人がありまして、お泊めできないんです。すみません」

と言った。病人がいるなら、どうぞ私におかまいなく、と言うと、ここではなく、谷を下ったところに九四歳になるおばさんがいて、その具合がわるいので見舞に行くのだそうだ。

「それが人恋しがりやのお婆さんでしてね、大したことがないのに姪《めい》の私を呼びつけるんですよ。そのたびに休業」

そう言って、おかみさんは笑った。

「でも、九四歳じゃあ、早く行ったほうがいいんじゃないですか。三時のバスで」

「いいえ、まだ行かなくていいんですよ。とても丈夫な婆さんで百歳までは死にゃしませ

んね。この三月に一度死んで生き返ったぐらい丈夫なんですから」

「?……」

「医者が、ご臨終ですと言ったのに、パッと眼《め》を開いて生き返ったんですよ」

医者がヤブなのか婆さんが超人なのか知らないが、そんなことがあるのかと思う。

このおかみさんは人恋しがり屋の血をひいているようで、私に番茶をすすめながら問わず語りにおしゃべりをする。

「この家に一人で住んでいますでしょう。お客のいない日も多いですしね。夜なんか話し相手がないと淋《さび》しいものですから、カラオケで独りで唱《うた》うんですよ。何時間もね。声を出すのは健康にもいいんですから」

夜の山中でひとり唱う図はちょっと無気味ではあるが、カラオケ業者の喜びそうな話だ。

「大杉谷の登山客がすっかり減りましてね、一〇年前の半分以下になってしまいました」

とおかみさんは嘆く。

「吊橋の事故があったからですか」

八年前になるが、大杉谷の吊橋の一つが落ちて死者をだしたことがある。新聞に大きく載ったので覚えていた。

「そうじゃないんですよ。あの事故で大杉谷の吊橋を全部つけ替えて頑丈《がんじょう》なのにしたでしょう。大杉谷を下ってきた人がみんな言うんですよ、スリルがなくなってつまらない谷になってしまったって。それで、だんだんお客が減って……」

15時00分発のバスで、いったん大杉を後にする。客は私一人である。運転手に乗務のダイヤを訊ねてみる。

「9時40分で三瀬谷から松坂へ行きまして、それから大杉へ来て、松阪へ行って三瀬谷へ戻って、これで一日です。二一〇キロありますね」

今夜の宿の西村屋は川沿いの一軒宿で、建物は新しかった。しかし、ひっそりして活気がなく、明日から連日満員というのが信じられないような旅館である。

夕食まで時間があるので、行くところもないが散歩に出る。

川沿いの道を上流へ向うと、小さな集落がある。廃屋が何軒もあり、店を閉じた雑貨屋もある。「銀嶺荘《ぎんれい》」という古びた旅館があり、これも雨戸が閉って休業中と書いてある。うす暗い杉木立の下を、つぎの宮平《みやだいら》という集落まで歩く。役場の支所があるほかは、さして変りがない。

寒くなってきたので引返しかけると、道の上をサルが三匹、すばやく横切った。

風呂《ふろ》に入って六時に夕食。他に客はいないようである。膳を運んできた娘さんに、あしたからは満員だと断わられたが、と訊ねると、

「集会の予定が入っていますので」

と言う。それでわかった。

地方の小旅館は宿泊よりも集会や宴会で成立っているのが多い。大都市のホテルも同じだが、この宿は集会のあるときは宿泊客を断わるのだ。

夕食の膳《ぜん》には、ひと通りのもののほかに鮎《あゆ》の塩焼きと姿づくりの寿司《すし》が出た。鮎の季節ではないので冷凍かもしれないが、寿司はおいしかった。

翌日も晴れである。大杉行のバスは10時51分なので、朝食後、また散歩する。川沿いの一本道しかなく、さすがに退屈する。

再度の大杉に着き、11時30分の船に乗る。定員は五五名だが客は私一人。

この船の運賃は「五〇〇円、水量によっては四〇〇円」となっている。ダムの水が少ないときは奥まで行けずに手前で引返すからだという。きょうは四〇〇円である。

「ことしは雨が少のうて、ほれ、あんなに水位が下っておりますやろ」

と船頭さんが岸を指さす。船頭の名は福山節《みさお》さん、六三歳、数少ない大杉集落の住人の一人である。

「一〇年ぐらい前までは紅葉のときなど一日に千人もの客があって、ピストン輸送をやっても積み残すほどだったけど、ことしあたりは、せいぜい四〇〇人でしたな」

吹きっさらしの船でダム湖の上を往復すること一時間余。すっかり冷えこんで大杉に戻り、暖をとるべく美杉旅館の茶店に飛びこむ。

きのうのおかみさんが、ひとりポツンと石油ストーブにあたっている。件《くだん》のお婆さんの容態を訊ねると、

「あれで病気なのかしら。元気で、よく来たなんて喜んでいるんですよ」

と笑った。それはよかったと言うと、おかみさんは茶を注《つ》ぎながら、勢いよくしゃべりはじめた。しかし、もう時間がない。まもなくバスが発車する。

田《と》歌《うた》（京都府北桑田郡《きたくわだぐん》美山町《みやまちょう》）

「京都」といえば、千年の古都としてのイメージが万人に共通しているが、その下に「府」がついて、「京都府」となると、これはもう地理的には別の概念で、京都の雅《みや》びとは縁遠い地域にまで広がっている。熊《くま》の出る丹波山地、酒天童子《しゆてんどうじ》の大江山、北前船《きたまえぶね》の宮津や天橋立、そして日本海に突き出た奥丹後半島までもが京都府に含まれるのである。

私がこれから行こうとしている美山町《みやまちよう》の田歌《とうた》は丹波山地のなかにあり、宮津などの丹後にくらべれば京都に近いのだが、それでも京都駅からバスで正味二時間半もかかる。直通バスはなくて、二度の乗りかえを要し、その間に峠を四つも越える。

四月五日（昭和六三年）、火曜日。まず乗るのは京都駅の七条烏丸口《からすまぐち》を13時00分に発車する西日本JRバスの周山行《しゆうざん》である。国鉄の分割民営の、そのまた分割によって四月一日に発足したばかりのバス会社で、車内には新社長の挨拶《あいさつ》などが貼《は》ってある。

三〇分あまりかかって京都の市街地を脱出し、御室《おむろ》を過ぎると丘陵地帯の一本道に入って、バスは快調に走りはじめた。

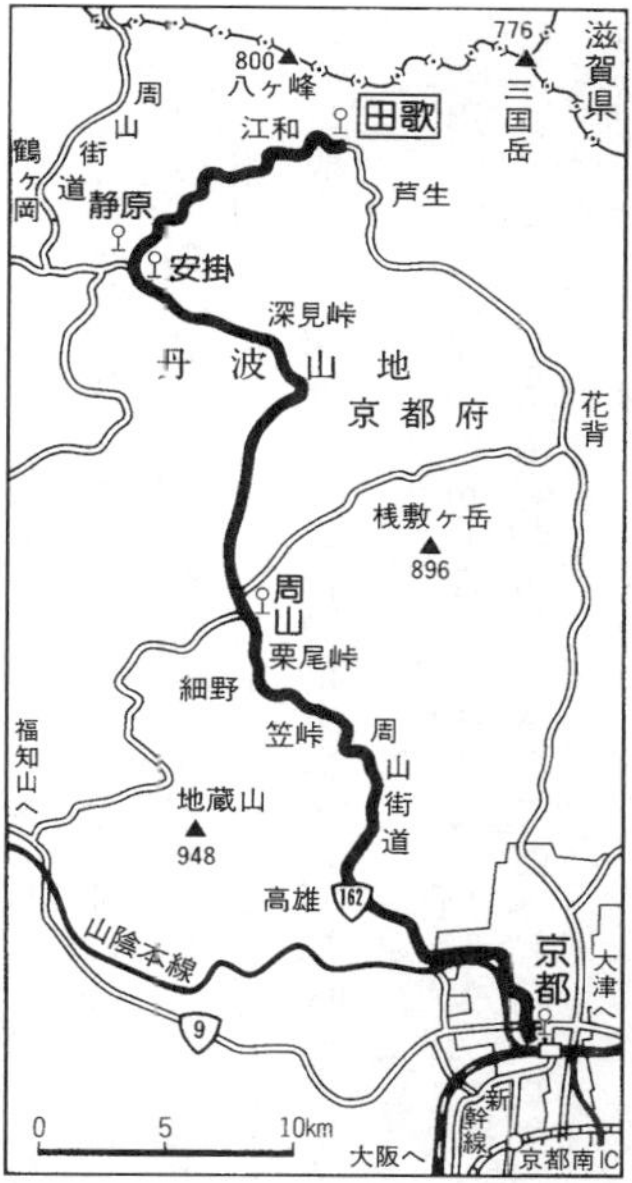

白壁の家や築地《ついじ》塀《べい》などが現れ、京都郊外ならではの優雅な趣になる。御経坂《みきょうざか》峠を越えると、清滝《きよたき》川の深い谷に沿う道へと下り、名刹神護《めいさつじんご》寺《じ》入口の高雄《たかお》、「鳥獣戯画」所蔵で有名な高山寺《こうざんじ》前の栂尾《とがのお》を過ぎる。崖《がけ》っぷちに設けられた駐車場には観光バスやマイカーが並び、春の行楽シーズンらしいが、わがバスに行楽客はなく、名所入口の停留所を通過してしまう。

まもなく「北山杉《きたやますぎ》」の産地に入る。枝を払われて梢《こずえ》のあたりにだけ枝葉を残す杉の姿は哀れだが、まっすぐに伸びた幹が見事に立ち並ぶさまは、それなりに美しい。眼《め》を見張ったのは、沿道にころがっている皮を剝《む》かれたばかりの杉丸太で、その白い木《き》肌《はだ》にはエロティックと言ってよいほどの艶《なまめ》かしさがあった。

清滝川を遡《さかのぼ》って北山杉資料館のある「グリーンガーデン」を過ぎ、上りにかかると長い笠《かさ》トンネルを抜ける。これが二つ目の峠越えである。

細野というところへ下って、また上りになり、標高四一〇メートルの栗尾《くりお》峠を越える。峠までは緩い上り道で、トンネルもなく越えてしまうが、北側は急傾斜で、脚下に深く刻まれた桂川《かつら》の谷と、わずかな平地に細長く横たわる周山の家並を見下ろす。眺望《ちょうぼう》のよい峠である。周山は京都と若狭《わかさ》の小浜《おばま》とを結ぶ周山街道（国道162号線）の中心をなす集落で、天正七年（一五七九）に明智光秀が城を築いている。「周山」と名づけたのは光秀で、古代中国の伝説的名君の周王に因《ちな》むという。

栗尾峠から山肌を曲折しながら下って、14時20分、周山に着く。バス交通の要衝なので、ターミナルと営業所があり、さらに奥へと向う鶴《つる》ケ岡《おか》行のバスが待機していた。これに乗りかえる。

14時30分、七、八人の客を乗せて鶴ケ岡行のバスは発車した。

谷底に開けた南北に長い盆地を、しばらく走ると、ふたたび山峡の上りにかかる。北山地区とおなじように、よく手入れされた杉林がつづく。風が吹き抜けているのだろうか、杉の花粉が白い煙のように漂っている。これが花粉症の張本人で、いまが杉の開花期である。

周山を過ぎても道の名は依然として周山街道、国道162号線である。応仁《おうにん》の乱を逃れた平安貴族たちが宝物を牛車《ぎつしや》に積んで若狭の小浜へと落ちのびたのは、この道筋だと伝えられている。小浜には国宝や重要文化財を蔵する古寺が多い。

人家のない暗い坂道を上り、深見《ふかみ》峠のトンネルを抜け、美山町に入る。これが四つ目の峠越えで、この峠を境にして水系が淀《よど》川から由良《ゆら》川へと変る。由良川は丹波の水の大半を集めて日本海へと注ぐ大きな川である。

深見峠を越えた客は私を含めて五人であった。

山峡を下るうちに、谷が開けて、由良川に沿う平地と集落が現れ、15時04分、時刻表と一分たがわず安掛《あがけ》に着いた。このバスは美山町の中心集落の静原を経て若狭国との境に近い鶴ケ岡まで行くのだが、私は安掛で下車した。

走り去るバスを見送って、安掛の集落を見回すと、カヤ葺《ぶ》き屋根の民家が広い谷あいに点在している。トタンの覆《おお》いをかぶせたのもあるが、カヤ葺きのほうが多い。いずれも堂々たる入母屋《いりもや》づくりである。

つぎに乗るのは田歌へのバスである。はじめの計画ではJRバスの終点の鶴ケ岡へ行くつもりだったのだが、編集部の竹内君が「鶴ケ岡より田歌のほうが面白そうですよ」とすすめるので、変更したのであった。なぜ面白いのかと訊《たず》ねると、

「熊の多い地区です。それから森林鉄道があります」

とのこと。熊はご免蒙《こうむ》りたいが、森林鉄道と聞かされて食指が動いた。

田歌へのバスはJRではなく、京都交通バスで、静原―安掛―田歌間を一日四往復している。つぎの田歌行きの安掛通過時刻は16時01分で、一時間ほど待たねばならない。

しかし、バス停の近くに農業振興センターという真新しい建物があり、そのなかに町

役場の観光担当の課があるので訪ねてみる。「かや葺民家の里　美山」の大きな看板が立っている。

応対してくれたのは平井利憲さんで、山里ののどかさを体現したような人であった。町の人口が減ったこと、特産の箪笥《たんす》製造業を営むのは一軒だけになってしまったこと、カヤ葺き屋根が町の観光資源だが大工の後継者がなくて葺きかえが困難なこと、そして熊の話を聞く。棲息《せいそく》するのは月の輪グマで、北海道の羆《ひぐま》のように獰猛《どうもう》ではなく、人間を見かけると逃げるそうだが、杉の皮を剝くなどの山林被害が多いという。

明るくない話ばかりを聞いてからバス停に戻り、16時01分に通るはず田歌行のバスを待ちながら、カヤ葺きの民家を眺《なが》めていると、ローラースケートをはいた可愛《かわい》い女の子が滑りだしてきて、私に「こんにちは」と言いながら、くるりと反転する。このところ、どこへ行ってもローラースケート遊びの子が多い。いま人気のアイドルグループ「光ＧＥＮＪＩ」の影響らしい。


まもなく、白いボディーに赤帯の田歌行のバスがやってきた。白いバスとは珍しい。客は小中学生の三人だけであった。

バスは由良川に沿って丹波山地の奥へと向う。屈曲する流れの左右に低い河岸段丘があり、その上に耕地と集落がある。カヤ葺き屋根が増えてきた。とくに「北」という集落はカヤ葺き民家の密度が濃く、何十年もの昔に引戻されたような気持になった。あと一〇年もたてば、この景観に接しられるかどうか疑わしい。行くなら今のうちであろう。左から知見《ちみ》川が合流する地点に「中」という、やや大きな集落があり、小学校や郵便局、その他若干の公共施設が揃《そろ》っている。しかし、三人の小中学生は下車せず、田歌行のバスはノンストップで通り過ぎた。

「中」から先はぐっと淋《さび》しくなって、川沿いの道なのに薄暗い杉林のなかへ入ったりする。

そこを抜けて江和《えわ》という集落にさしかかると、河原に煙が立ちこめ、焔《ほのお》が見える。春の到来を待っての野焼きである。

16時30分、終点の田歌に着いた。子どもたちが運転手に「ありがとうございます」と元気よく声をかけて下車する。私も料金箱に五九〇円を入れて降りる。子どもたちが私のほうを振り返っている。見なれぬおじさんが降りてきたので、怪訝《けげん》に思っているのだろう。

はるばる目指してきた終点だから、着いたからには降りなければならないわけだが、小さな神社と若干の民家があるばかりで、あたりを見回すほかには、することもなければ行くところもない。

地名辞典の「田歌」の項によれば、「八坂神社が鎮座し、七月一四日の祭礼には祇園《ぎおん》神楽《かぐら》を奉納している。これは田楽《でんがく》の一種で踏み歌の形式をとるもので、最近全国的に知られている」とある。田歌の地名の由来であろう。

しかし、そんな祭の賑《にぎ》わいの日があることなど信じられないほど田歌の里は淋しく静かだ。対岸の段々畑に、ひとり鍬《くわ》を持つ爺《じい》さんの姿が見えるばかりである。日没までに二時間ぐらいあるはずだが、すでに太陽は山に隠れ、風が冷たい。

一〇分ほどでバスは折り返す。他に客はいない。野焼きの煙がたなびき、川面《かわも》の夕もやと交じり合っている。

道端で青年がバスを眺めている。おや、珍しく若い人がいるな、と思ったが、なんのことはない。写真の郷司さんであった。

「中」集落の東はずれの知見口《ちみぐち》で下車。ここに枕川楼《ちんせんろう》という今夜の宿がある。

枕川楼は山奥にしては立派な旅館で、二階の座敷に通されると、垢《あか》ぬけしたおかみさんが三つ指をついて丁寧に挨拶する。この「ローカルバスの終点へ」シリーズで泊るのは民宿かそれと同程度の旅館ばかりで作法とは無縁だったから、三つ指などつかれると面くらう。やはりここは京都の一劃《かく》なのかと思う。

宿の前は由良川だが、宿の背後から支流の知見川が流れこんでおり、合流地点が窓から見える。この知見川を遡ると、本妙寺という無住の古寺がある。創建者は日経という坊さんで、慶長一二年（一六〇七）、京都六条河原で鼻削《はなそ》ぎの刑を受けたとき、自分の血で曼陀羅《まんだら》を描いたと伝えられている。その血曼陀羅が本妙寺に収められていたので、この地域は「血見」と呼ばれた。それが「知見」に転じたのだそうだ。こうした伝承にも京都の香りがする。

郷司さんがレンタカーで到着。いっしょに夕食の膳《ぜん》に向う。

突出しはツクシ、イタドリ、ムカゴ（山芋の実）、マタタビの実、シメジ、フキノトウ。小鉢《こばち》は山ウドの梅肉和《あ》えとタラの芽のゴマ和え。刺身は鹿《しか》の背肉で、赤黒くて気味のわるい色をしているが、非常にうまい。そしてコイのあらい、三月二〇日に解禁になったアマゴの塩焼き、各種山菜の天ぷら、さらに「ぼたん鍋《なべ》」、つまりイノシシ鍋も出る。すべて当地でとれた山の幸ばかりである。

料金は一泊二食一万二〇〇〇円。ローカルバスの宿としては破格だが、京都方面からマイカーの日帰りで食事をしに来る客が多いという。料理だけなら六〇〇〇円とのこと。

翌朝、七時。朝もやの漂う由良川を眺めていると、田歌行の一番バスが空っぽで上っていく。小中学生を迎えに行くのだろう。

冷凍アユの塩焼きつき朝食をすませてから、郷司さんの運転するレンタカーで由良川沿いに奥へ向う。

田歌を過ぎると谷が深くなり、道幅が狭くなった。平地や耕地はまったくなくなり、したがって人家もない。日蔭《ひかげ》の窪《くぼ》地には雪が残っている。

峡谷の崖っぷちの道を一五分ばかり走ると芦生《あしう》地区に入り、わずかに開けた段丘の上の須後《すごう》という集落に着く。ここが最奥の集落である。背後の山々は京都大学の演習林で、原生林もあり、もちろん熊も出る。

が、何より演習林用の軽便鉄道のあるのが魅力だ。日本の森林鉄道はつぎつぎに廃止されてしまい、残っているのが何本あるのか私は知らない。もしかすると、ここだけかもしれない。

じつは出発前、編集部から便乗を頼んだのだが、絶対に不可との返事であった。それで、せめて線路の上を歩いてみようと、ここまでやってきたのである。

山小屋のような演習林事務所をたずねる。親切に応対してくれたが、やはり軽便鉄道の便乗については、

「レールが相当に痛んでますから事故などあっては大変です。何と言われてもお乗せできません。軌道の上を歩くのはかまいませんが」

とのこと。

車庫の中には超小型ディーゼル機関車と無蓋《むがい》貨車が置いてある。ゴトゴトと走る姿を見たいが、今日は運転しないのだそうだ。レールが錆《さ》びている。めったに運転しないのだろう。

線路の上を歩きはじめると、いきなり由良川に架かる橋がある。下を見ると眼が回りそうなので前を向いて渡る。

行けるところまで行ってみようと、谷の奥へと線路の上を歩く。

枕木《まくらぎ》の上にヘビがいる。事務所の前に「マムシに注意」の立札があったので、ギョッ

としたが、近寄ってみるとマムシではなく、しかも死んでいた。

ガサッと音がした。熊か！　と立ち止まる。杉の小枝でも落ちたのであろう。

水のしたたる岩肌に張りついて一所懸命に鳴いているカジカを郷司さんが見つけた。小指の先ほどの小さな蛙《かえる》であった。

怖さと楽しさとが相半ばしながら二キロばかり行くと、腐りかけた木の橋があり、そこから先はレールが雑草に被《おお》われていた。運転区間はここまでらしいので、引き返す。


中集落に戻り、雑貨店を営む大萱《おおかや》健一さんを訪ねる。美山町には会員五八名の「猟友会」があり、大萱さんはその副会長で、熊撃ちのベテランである。

「大木の穴にこもって冬眠してる奴《やつ》は、幹を棍棒《こんぼう》で叩《たた》くとですな、熊が眼をさまして顔を出す。そのおデコに銃口を近づけて一発で仕止めるんですわ」

そんな話を聞いていると、役場から緊急電話がかかってきた。——林業の労務者が知見川の奥で背後から熊に襲われ、病院にかつぎこまれた、子連れのメス熊らしい、退治をたのむという電話である。

「あすの朝早く、六人一組で山に入りますわ」

大萱さんの顔に生気がみなぎる。

「私も連れて行ってくれませんか」

と郷司さんが身を乗りだした。が、

「熊狩りはチームが一つ心になってやるゲームですからな。よその者がいると余計な気を遣わにゃならんから」

と大萱さんは首を振った。軽便鉄道も熊も都会人を寄せつけてくれない。

私はその日に東京へ戻ったが、結果が気になるので、翌日の晩、大萱さんに電話をかけた。残念ながら件《くだん》の熊には出会わず、空《むな》しく引揚げたとのことであった。

吹《ふき》屋《や》（岡山県川上《かわかみ》郡成羽《なりわ》町）

岡山県の西のはずれの山間部に「吹屋《ふきや》」という古い家並を残す集落があり、文化庁が「重要伝統的建造物群保有地域」に選定している。

「古い家並」は全国に数多くあるが、吹屋の場合は家々がベンガラ（弁柄）で塗られて、家並が赤っぽく染まっているという。

それに惹《ひ》かれて、「吹屋」について調べてみると驚いた。なんと、日本屈指の銅山のあったところなのだ。幕府は吹屋地区を天領とし、採掘を請負ったのは泉屋（住友）、福岡屋（大塚）、三菱（岩崎）で、とくに岩崎が大財閥にのし上ったのは吹屋の銅が発端だったとも書いてある。

銅の鉱石とともにベンガラの原料となる硫化鉄鉱も産出した。ベンガラは建築材の腐《ふ》蝕《しょく》止め、虫食い防止といった実用性とともに磁器の絵付には欠かせない。その深味のある赤は独特の美しさをもつ。吹屋産のベンガラは質量ともに群を抜き、銅山が不況のときも、吹屋はベンガラで栄えた。

これらに加えて吹屋は、山陽と山陰を結ぶ往還の宿場町でもあった。旅籠《はたご》屋が軒をつらね、遊女屋も存在したという。

以上のようであって、吹屋について何も知らなかった自分が恥しくなるくらいの、大したところなのであった。

しかし、鉱山町は盛衰がはげしい。昭和に入ると急激に衰え、閉山となる。ベンガラも第二次大戦後は需要が減ったうえに安い化学製品に押されて製造停止。鉄道や国道も吹屋を通らなかったので、宿場町としてもさびれた。

こうして、銅の産出量が日本一であった明治初期には人口六〇〇〇に及んだ吹屋は、いまや一〇〇戸、二八〇人という淋《さび》しい集落になってしまったのである。

その吹屋へ行こうと思う。

吹屋へのバスは伯備《はくび》線の備中高梁《びっちゅうたかはし》から出る。『時刻表』には載っていないが、編集部によれば一日三往復で、高梁発は10時25分、13時45分、17時45分とのこと。

宿泊施設は「吹屋山荘」という民宿と「延命寺」という禅寺の二つで、延命寺では山菜を主体とした精進料理を供するという。ただし、宿泊客は座禅と写経をさせられるそうなので敬遠することにし、吹屋山荘を予約した。

一一月六日（昭和六二年）、金曜日。東京発8時42分の新幹線で出発。名古屋付近までは曇天であったが、京都、大阪と進むにつれて快晴になった。このところ天候不順で、雨の日が多いが、私が旅に出ると晴れになる。

岡山で伯備線経由の特急「やくも7号」に乗り継ぎ、倉敷から高梁川沿いとなって13時31分、備中高梁着。高梁は山城の典型として有名な松山城を仰ぐ城下町である。駅前から13時45分発の吹屋行のバスに乗る。客は一〇人。昼間の時間帯なので、買物袋をさげたおばさんや病院通いらしい老人ばかりである。これは全国共通の現象だ。

運転席のうしろに貼紙《はりがみ》がしてあった。

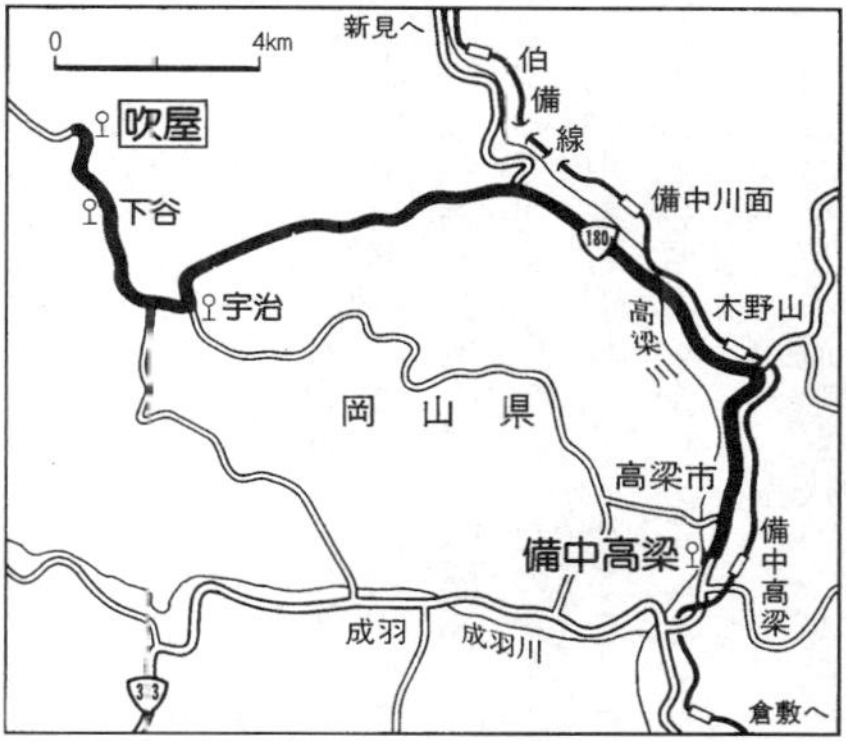

「高倉町飯部地内山腹浮石除去工事に依り一一月六日九時—一二時全面通行止メの為、高梁発一〇時二五分吹屋行は運休致します」

落石の危険のある石を取り除いてしまおうというのだが、一一月六日といえば今日である。一番バスに乗る予定をたてていたなら、運休の憂目《うきめ》に遭うところだった。

バスは高梁川の東岸に沿って国道180号線を北へと向う。

高梁川は水量の豊かな川だが、高梁市以北は渓谷や峡谷をなし、道がなかった。また、流れが激しいので舟も通わなかった。そのため、吹屋を通る街道が栄えたのである。いまは鉄道も国道も高梁川沿いに崖《がけ》を削り、トンネルを穿《うが》って、新見《にいみ》から米子《よなご》へと通じ、陰陽連絡のメインルートになっている。

進むにつれて、高梁川の両岸に山が迫ってきた。豊かな水が河中の岩をかき分けながら流れ下っている。しかし、わずかな平地と集落はあり、黒光りの瓦《かわら》屋根と立派な築地《ついじ》塀《べい》が目立つ。背後は段々畑である。その段々畑に点在する柿《かき》の実が色鮮やかだ。

高梁川を遡《さかのぼ》ること二〇分余、バスは左折して国道180号線から分れ、細い道に入る。入口には「銅と弁柄の里　吹屋ふるさと村18キロ」の大きな標識が立っていた。私は吹屋について何も知らなかったのだが、すでに観光地として売り出し中なのだろうか。

高梁川とも別れ、その小さな支流に沿って行く。持参の二万五千分の一の地図には川の名は記されていない。ごく細い川である。しかし、川の流れは清く速く、すがすがしい。

川とおなじく道幅も狭い。バス一台で道がふさがってしまう。しかもカーブが多く、上り勾配《こうばい》である。

ときに対向車に出会うと、道幅の広い待避所までバックする。もっとも、バスのほうが威張っていて、たいていは相手を後退させてしまうのだが。

両岸は急傾斜で、崖を見上げるようなところもある。地図によれば、きょうの午前に「浮石除去」がおこなわれたのは、このあたりである。どこかに巨石がころがっていないかと、一所懸命に前方を眺《なが》めたが、それらしき石は見当らなかった。

すでに客は私を含めて五人に減っていたが、こんな山峡にも幼稚園があり、黄色い帽子をかぶった園児が五人、元気よく乗ってきた。

けれども、五、六分走ると、園児たちは降りてしまう。運転手に「ありがとうございます」と言うのは教えこまれているのだろうが、可愛《かわい》らしい。年配の運転手は「はいよ、ありがとう」と答える。バス停には母親たちが迎えに来ている。

あたりが、やや開けて、小さな集落や耕地が現れてきた。築地塀に囲われた庄屋らしい豪邸もある。段々畑の石積みが見事だ。

高梁から四五分、右や左から道が合して宇治《うじ》という集落に入る。宇治は、このあたりの交通の中心で、南北と東に道が通じている。往時は大いに栄えたにちがいない。入母《いりも》屋《や》づくりの大きな商家などが眼《め》につく。宇治では、途中から乗った坊さんと、お婆《ばあ》さんが下車して、客は三人になった。「吹屋ふるさと村　7キロ」の標識が見えた。

宇治は標高三五〇メートルほどのところにある小盆地で、のどかな風景がつづくが、ふたたび山峡に入り、曲りくねった細道の上り坂になる。あたりは杉や雑木が濃く茂り、快晴の真昼なのに薄暗い。吉備《きび》高原の地形は山と川と平地が複雑にからみ合っているので、目まぐるしい。

昼なお暗いところを三、四分走ると、

「つぎは下谷《しもだに》です」

とテープの女性の声が告げる。下谷は吹屋地区のうちではもっとも古い集落で、寛政時代に銅山経営を幕府から請負って財をなした大塚家の墓地がある。この墓地は横溝正《よこみぞせい》史《し》原作の映画「八つ墓村」のロケに使われたという。

窓外がやや開けて下谷の集落に入った。

私は眼を見張った。家並が赤いのである。壁も格子《こうし》もベンガラ。赤い家並などはじめてだ。

下車したい！　との衝動に駆られたが、下谷は吹屋の中心部からは遠く離れており、急な坂道を登らなければならない。うっかり降りてしまうと難儀なことになる。つぎのバスまでは四時間も待たねばならぬし、とにかく終点まで乗り通すのが私の役目でもある。

後髪を引かれる思いで下谷の赤い集落を通り抜けると、道は山肌《やまはだ》を巻く急坂になり、下谷集落を眼下に低く見下ろしながら、標高五〇〇メートルに達し、吹屋の下町《しもまち》に入る。

下谷で眼を見張ったから、もう驚かないが、ここもベンガラで染まっている。しかも家々の屋根は褐色《かつしよく》の石州瓦《せきしゆうがわら》で、黒い瓦はない。石州瓦は山陰の石見《いわみ》国独特のもので、吉備国でも使われるとは知らなかった。山陰への往還として賑《にぎ》わった吹屋ならではなのであろう。

下町から中町へと入り、郵便局の前で停車。ここが終点である。高梁から、ちょうど一時間であった。

バス停に降り立って、一本道の両側に軒をつらねる「吹屋」を眺めると、なかなかよろしい。ベンガラ格子の味わいはもとよりだが、右左とも古い家並が見事に並んでいる。「古い家並」は各地にあり、旅情をそそる写真が、ガイドブックやパンフレットに載っている。しかし、それに惹《ひ》かれて行ってみると、ガッカリさせられることが多い。新建築と古い家とが混在しているからだ。写真家は目障りなものを除いたアングルで撮影するので、私たちは騙《だま》されてしまう。高山や津和野にしてもそうだ。

ところが、吹屋の場合はちがう。右も左も正真正銘の古い家並なのである。もとより現代であるから、新建築がまったくないわけではない。しかし、私が見渡したところ、ガソリンスタンドと郵便局と公民館の三つだけで、他の数十戸はベンガラ格子の古い家ばかりであった。これならば写真担当の郷司さんも撮影しやすいだろうと思う。

人通りのない吹屋の一本道を、ベンガラ格子の家を覗《のぞ》きながら西へと歩く。道は緩い上りだが、坂道というほどではない。吹屋は山の町で、平坦《へいたん》部はないのだが、山の斜面に横に家並が形成されているので、道はなだらかなのである。しかも、南に面しているので日当りがよい。すぐれた「都市設計」だ。

土台の横木に錆《さ》びた鉄の輪をはめこんだ家がある。これに馬をつないだのである。銅やベンガラ、さらには米などを背にのせた馬の行き交ったさまが彷彿《ほうふつ》としてくる。往時の殷賑《いんしん》は遠く過ぎ去った小さな集落なので、たちまち家並は跡切《とぎ》れ、町はずれにくる。そこに広い駐車場と観光案内板があり、「山菜定食」の看板を掲げた食堂も二軒ある。観光客相手の店のように思われる。駐車場には車もバスもなく、ひっそりとしていたが、吹屋は観光に活路を見出《みいだ》そうとしているかに思われた。

その一角に今夜の宿の「吹屋山荘」があった。看板がなければ、ふつうの民家かと見まごうような、つくりである。

吹屋山荘では、ご主人の柴田収二さんが待っていてくださった。私は一泊を予約しただけの旅行者のつもりであったが、雑誌『旅』の取材者ということが伝わっていたらしく、格別の扱いを受けることになった。

柴田さんの運転する車で、近在の名所めぐりに出かける。柴田さんは若く見えたが、私より齢上《としうえ》の六五歳で、沖縄戦で辛くも生き残った人である。

「死んだはずの余生ですからね。郷里の吹屋を、もう一度甦《よみが》えらせるために、できるだけのことをしようと思いまして」

と柴田さんは言った。吹屋に宿泊施設がなくてはと考え、無人になった米問屋の建物を譲り受け、二千万円をかけて内部を改造したのが吹屋山荘なのである。

私は吹屋集落のベンガラ色の家並に満足してしまったので、このまま岡山のほうへ行き返してもよし、地酒と山菜料理を楽しんで眠りこけてもよし、という気分だったが、柴田さんとしては、こ奴《やつ》を徹底的に案内してやろうという気持からであろうか、齢に似合わぬ達者なハンドルさばきで、精力的に案内してくださる。

まず広兼《ひろがね》邸。これは銅山とベンガラで財をなした富豪の邸《やしき》で、吹屋の中心部から山道を一〇分ほど走った山腹にある。なぜこんなところに？　と首をかしげたくなる山間の一軒家だが、高い石垣《いしがき》を築き、その上にそそり立つ白壁の邸は正に「城」だ。

内部のことは省略するが、広兼邸は吹屋第一の名所になっていて、広い駐車場があり、しかも拡張工事中である。柴田さんによると、二年前ぐらいから吹屋への観光客は急増し、年間一〇万人に達するようになったという。休日には千人を越す日もあって、ベンガラの家並をゾロゾロ歩くそうだ。きょうの閑散ぶりからすると信じられない思いだが、めでたいことである。

そんな話を聞きながら高い石垣の上で眺めを楽しんでいると、観光バスが二台、駐車場に入ってきた。客は中年の女性ばかりであった。どこへ行っても、おばさんの団体が幅を利《き》かす時代になった。吹屋の場合は、岡山県内からの日帰り客がほとんどで、宿泊客は少ないそうであるが。

そのあと、銅山跡の笹畝《ささうね》坑道に入る。無数に掘りめぐらされた坑道の一つが観光用に公開されているのである。内部はコンクリートで舗装され、照明はもとより、電気仕掛けの鉱夫人形が動いていたりして、思いのほか整備されていた。

さらに、復元されたベンガラ工場、禅寺の延命寺、下谷の大塚家の墓地、明治時代に建てられた古色蒼然《そうぜん》たる小学校などを案内していただくうちに日が傾いた。秋色の濃い吉備高原は、紅葉や柿の実に夕陽が映えて美しかったが、急に冷えこんできた。標高五〇〇メートルの吹屋は、岡山市より三度は気温が低いという。

吹屋山荘は夕食を供さない。若い人は吹屋を出てしまい、手伝ってくれる人がいないのです、と柴田さんがこぼす。

それで、「いこい」という食堂で山菜料理の夕食。店を経営しているのは、サラリーマン稼業《かぎょう》を捨てて郷里に戻ってきた若い人で、素朴《そぼく》な山菜鍋《なべ》がおいしかった。

食事を終え、風呂《ふろ》に入っても、まだ七時半。都会なら宵《よい》の口だが、吹屋は森閑として灯《ひ》も消え、深夜のようである。しかも底冷えがしてきた。

「吹屋には、まだまだ見るところがあります。あしたは西江邸や製錬所跡をご案内しますよ」

と地図を広げる柴田さんに、おやすみを言い、二階に用意してくれた寝室に引揚げる。屋根裏の物置を改装した部屋で、太い梁《はり》が八畳間の真ん中を貫いていた。

沖《おき》泊《どまり》（島根県八束《やつか》郡島根町）

私は山陰地方が大好きで、交通の便はわるいのだが、よく出かける。とくに山陰の中枢《ちゅうすう》をなす出雲《いずも》には行く機会が多い。

けれども、訪れるのは松江、宍道湖《しんじこ》、大社、あるいは安来《やすぎ》などの「内陸部」ばかりで、これらの神話、伝承、史跡に富んだ地域を日本海の荒海から護《まも》り育てた島根半島の海岸部については、ほとんど知らない。

日本海に面した島根半島の東半分は典型的なリアス式海岸で、岬《みさき》と入江が交互につらなり、無数の小島を配している。岬は断崖《だんがい》をなし、入江の奥には浜と集落があって、その数は「四十二浦」に及ぶという。現在は浦々を結ぶ道路が通じているが、それ以前は船で荒海の岬を回るか峠越えをしなければならず、隣の浦へ行くのは難儀であったと地誌にある。

そんな浦々のどこかへバスで行ってみたいと思う。

が、その方面のバスは『時刻表』に掲載されていない。しかも、島根半島は東西六五キロにも及ぶが南北の幅は狭く、五キロないし一〇キロ程度で、まっすぐ横断すれば、たちまち目的地に着いてしまいそうである。

「島根半島の北側の小さな漁村のどこかへ行ってみたいのだけど、一時間以上バスに乗れるところはなさそうですね」

と私は編集部の新妻香織さんに言った。竹内君が他の部署へ移ったので、今回からは新妻さんが相談相手である。

しばらくすると、

「沖泊《おきどまり》ならば松江からバスで一時間二〇分かかります。これでどうでしょうか」

との返事がきた。

地図を見ると、沖泊は島根半島の数多い岬のうち、いちばん北に突き出た多古鼻《たこばな》の東側にあり、島根半島最北の集落である。隠岐《おき》への最短地で、地誌には、毛利軍に敗れた尼子《あまこ》勝久《かつひさ》は沖泊から隠岐へ脱出したと書いてある。

しかも「沖泊」という地名がよい。「泊《とまり》」は「行き止まり」の転化であるが、その上に「沖」がついて、よい響きになっている。沖とは隠岐を意味するのだろうか。とにかく、これだけ条件が揃《そろ》えば十分である。

沖泊へのバスには、東回りと西回りとの二つの路線があるという。私は日本海岸に沿う区間の長い西回りを選んだ。ただし、西回りの沖泊行は一日一本のみである。

寝台特急「出雲1号」の一夜が明けると、左窓の大山《だいせん》は雲に隠れていたが、右窓は中《なか》

海《うみ》の向うに島根半島が長々と横たわり、朝日を浴びている。七月六日（昭和六三年）、水曜日。さいわい天気には恵まれたようである。今回は小舟で洞門めぐりをするかもしれないので、悪天候ではぐあいがわるい。

松江着7時44分。西回りの沖泊行バスは駅前発11時20分の一本のみであるが、途中まで行くバスならば何本もある。私は、とりあえず8時20分発の別所《べっしょ》行の一畑《いちばた》バスに乗った。

この時間帯に都市から村へ向けて乗る客は少ない。ガラ空きのバスは、松江大橋を渡り、連子格子《れんじごうし》の商家のつらなる中心部を抜け、濃い茂みの上に聳《そび》える天守閣を望みながら濠《ほり》と武家屋敷に挟《はさ》まれた道を走る。

やっぱり松江はいいな、と思うまもなく、新住宅やマンションなどが建ち並ぶ平凡な近郊風景に変る。道幅も広くなる。が、それも束《つか》の間《ま》で、丘陵地帯の細い道に入り、ちょっと上り坂になって高田《たかだ》尾《お》峠という低い峠を切通しで越える。

この峠を過ぎると左側の眺《なが》めが開

ける箇所がある。私は眼《め》をこらした。左方一キロ余にある佐太《さだ》神社が見えるかもしれないと思ったからである。見えぬままに視界が丘陵で閉ざされてしまったが、佐太神社については、ちょっと触れておく必要があるだろう。

旧暦一〇月は八百万《やおよろず》の神々が出雲大社に集まり全国大会を開く。だから一般には神無《かんな》月《づき》の一〇月が出雲では神在月《かみありづき》と呼ばれるわけだが、その神々の宿舎となるのが佐太神社である。

そういう楽しい神話は別として、佐太神社は東出雲一帯の崇敬を集め、西出雲の大社と対立していたらしい。そして、東出雲が大和朝廷側に加担したために西出雲の大国主《おおくにぬしの》命《みこと》が「国譲り」を余儀なくされたというのが定説になっている。

佐太神社は出雲大社とは比較にならぬ規模だが、社殿が三つ並ぶという独特のつくりで、一見の価値がある。沖泊へのバスルートからはずれており、私は二年前に訪れたことがあるので今回は割愛するが、松江から頻繁《ひんぱん》に出ている恵曇《えとも》行のバスに乗れば二〇分余で行けるので、参詣《さんけい》されるとよいと思う。

高田尾峠から下ると水田が広がる。このあたりを講武《こうぶ》と言い、「佐太講武貝塚《かいづか》」がある。神話の「国引き」、地形学的には太古には島であった島根半島が川の流出する土砂で本土と陸続きになる前の遺跡である。

講武からまた丘陵に入り、ゆるい上りにかかって切通しを抜けると、日本海が現れた。

断崖の岬が突き出し、眼下の浦には家々が軒を重なり合わすようにして寄り集っている。どの家も淡褐色《たんかつしょく》の石州瓦《せきしゅうがわら》をのせている。松江から四〇分、景観が一変した。この浦は御津《みつ》という。

バスは迂回《うかい》しながら下り、御津の集落に入る。上から見下ろしたときは石州瓦の釉《うわぐすり》の光沢が艶《あで》やかであったが、近くで見れば家々の柱や板壁は潮風に晒《さら》されて漂白され、反りかえっている。

小さな神社の前のバス停で二人の老人を乗せると、たちまち崖っぷちの狭い道になる。左窓に広がる日本海。赤松に被《おお》われた岬が断崖となって海に落ち、それが延々と日御碕《ひのみさき》のかなたへとつづいている。予想していた以上の絶景である。この一帯の海岸が大山隠岐国立公園に編入されているのが肯《うなず》ける眺めだ。ただ、近景に島根原子力発電所の二本の煙突があるのは目障りだが。

岬の付け根を上りながら横切ると、ふたたび崖の上に出、見事に地層の重なり合った岩礁《がんしょう》を見下ろす。「大芦《おわし》の洗濯岩《せんたくいわ》」で、観光パンフレットなどに載っている景勝地である。

マイカーならば車を停《と》めて一憩したいところだが、バスは景色など無関係だと容赦なく通り過ぎ、大芦の浦に入る。ここは一キロにも及ぶ浜が弧を描き、家が海岸沿いに建ち並んで、かなり大きな集落を形成していた。バス停も数カ所あって、潮焼けした爺《じい》さんや婆《ばあ》さんが乗り降りする。

大芦のつぎの浦は加賀《かか》。北から西へと長く突き出た潜戸《くけど》鼻に抱かれた自然の良港で、北前船《きたまえぶね》が避難や風待ちで立寄ったという。港湾施設もよく整い、島根町役場もこの加賀にある。私は役場前で下車した。

道に沿って流れる小川の向うに加賀神社がある。小さなカヤ葺《ぶ》きの社《やしろ》で、社務所もなく宮司もいないが、出雲大社のミニチュアのようなつくりで愛らしい。

賽銭箱《さいせんばこ》に小銭を投げこんでから役場を訪ね、話を聞く。島根町の人口は五〇〇〇、主産業は漁業であるが、道路が整備されてマイカーで松江へ通勤する人が増え、人口の減少傾向はない、観光客は年間二二万人でほとんどが夏期である……。

つぎに乗るべきは一日一本のみの沖泊行のバスであるが、加賀役場前の通過時刻は12時08分となっている。まだ一〇時前だから、だいぶ待時間がある。

この時間を利用して「潜戸《くけど》」を船で探訪したいと思う。潜戸は海蝕《かいしょく》による洞門と洞穴で、五月から一〇月まで観光船が運航される。

観光船の時刻がわからないので、こんどの発船は何時かと役場の人に訊《たず》ねると、「お客があれば船は出ますよ」とのこと。

波止場《はとば》へ行くと三六人乗りの海底透視窓つきの観光船が横づけになっている。客は一人もいない。

「一人なんですが乗せてくれますか」

と恐縮しながら年輩の船頭に言うと、

「ああいいよ」と応じて船を発進させた。大きな船ではないが、客は私一人だけとなると、身の置きどころに困る一方、すこぶる贅沢《ぜいたく》な気分になる。バスも佳、鉄道はさらに佳であるが、海の観光となる船には敵《かな》わない。断崖を見上げるのは船の独壇場である。

岬に近づいた船は速度を落とし、崖の下に首を突っこんだ。このまま進めば岩礁にぶつかるぞ、と思ううちに船はわずかな割れ目を手際《てぎわ》よく通り抜けて洞門のなかに入る。進入してみると、中は広く、天井も高くて、鍾乳洞《しょうにゅうどう》に入ったような感じだが、前方に明るみがさし、通り抜けられるようになっている。こうした「海のトンネル」が形成されるのは海蝕に弱い集塊岩と硬い玄武岩などが混り合っているからだろう。

この洞門は「新潜戸」で、もうひとつ「旧潜戸」というのが港寄りにある。こちらは平凡な洞穴だが、内部は「賽《さい》の河原」で、幼なくして死んだ子どもの霊がさまよっているという。日の出前に行くと、子どもの小さな足跡が残っているが、夜が明けると消え失《う》せるのだそうだ。加賀集落の幼児を葬《ほうむ》った洞穴かと推察される伝承だが、いまでは全国の親たちが亡《な》き子の遺品を携えて訪れる。

それさえも観光資源となるのだが、船から一人降り立って、薄暗い洞穴に入れば、そんな批判は消し飛んでしまう。石ころの塔が無数に積まれ、ところどころに地蔵があるのは各地の「賽の河原」とおなじだが、ここには「昭和六十一年×月×日没、愛児×子の霊」などと書かれた板、プラスチック製の玩具《がんぐ》、人形の入ったガラスケース、ランドセルなどが置かれている。任天堂のテレビゲーム機もある。それが生ま生ましくも無気味で、一人ぼっちの私は背筋が寒くなった。

一巡四〇分、船賃は七四〇円であった。


さて、12時08分通過の沖泊行バスがやってきた。四分ばかり遅れていたが、一日一本だから、そんなことはどうでもよい。乗客は意外に多く、一〇人を越えていた。

加賀から先は険路で、しばらくは人家がない。この区間は島根半島の浦々を結ぶ道のうちでも開通がもっとも遅く、車が通れるようになったのは昭和三六年だという。道の海側には道路の開通を喜んだ人たちによって植えられた桜並木がある。

つづら折りの険路を走り、断崖をかすめながら下ると、野波《のなみ》という大きな集落があり、ほとんどの客が下車した。

その先の小波《こなみ》は乗降客なしで通過。多古《たこ》で一人降り、残るは松葉杖《まつばづえ》を携えたお爺さんと私の二人だけになった。つぎは終点の沖泊である。

運転手が私を振りかえって、

「沖泊は何もないところやけど、どうするのかね」

と言った。

眼下に沖泊の集落と港が見えた。家々の屋根は石州瓦である。

バスは、この小さな漁村に吸い寄せられるかのようにヘアピンカーブを曲り、12時40

分、集落のはずれで停った。

　ゆるい下り坂の一本道が港へとつづき、両側に家々が並んでいる。沖泊の戸数は三五。頭上をトンビが二、三羽、鳴きながら旋回している。

　松葉杖のお爺さんといっしょに、人通りのない一本道を下る。他の集落と同様に屋根は艶やかな石州瓦だが、板壁は潮風に晒《さら》されて反っている。その一軒に松葉杖の爺さんは消えた。

　沖泊には民宿が四軒あり、編集部のすすめで今夜は魚見荘というのに泊ろうと思っている。予約はしていない。

　その魚見荘はどこかと探したが見当らない。通りには看板の類がほとんどなく、家々は表札をかけているだけだ。民宿が四軒もあるとは信じられないような、ひっそりとした小集落で、聞えるのはトンビのピーヒョロだけである。


　港で網の手入れをしていた漁師に道を訊ね、細い路地の石段を上ると、突き当りに魚見荘があった。しかし、どこにも「魚見荘」とは書いてない。玄関脇《わき》にビールの空瓶《あきびん》が大量に積まれているのと家のつくりがやや大きいほかは他の民家と変りはない。

　玄関で声をかけると、おばさんが現れ、立派な仏壇のある座敷に通された。

　お茶を飲みながら、どうして魚見荘の看板を出さないのかと訊ねる。

「保健所が名前をつけてくれたのですけんど、こんな家に〝荘〟なんて、そんな大それた……」

と、おばさんは袂《たもと》を口に当てて笑った。

さて、沖泊へ来たからには「多古《たこ》の七ッ穴」を見たい。幾つもの洞門がつながり合った奇勝で、港から観光船が出ると案内書に書いてあった。

「うちのお父さんが案内しますよ。いま昼寝をしとりますが、起きたら話しておきましょう」

なるほど、隣の部屋からイビキが聞えてくる。ご主人は野田好男さん、五六歳。定置網の発起者で、沖泊集落の全戸を株主とする会社の代表取締役である。

その野田さんが、私たちの話し声で起きてきた。日焼けした逞《たくま》しい人であった。七ッ穴見物については、五時半に定置網漁が終るので、そのあとで案内してあげようとのこと。

それまでのあいだ沖泊を散策する。港では、婆さんがウニを割っている。七月一日に解禁になったばかりだという。防波堤に上ると、五〇〇メートルほどの沖に定置網の白い浮きが点々とある。右側の入江の向うの崖には、黒い洞穴が三つ四つ見える。「七ッ穴」であろう。いまは夏で、波は穏やかだ。

山側も歩いてみる。小さな神社、狭い段々畑、墓、カヤ葺屋根が崩れ落ちた廃屋など。冬の荒天の日など、寒風が吹きすさぶのだろうが、きょうは瀬戸内海の漁村を訪れたかのように、のどかで暖かい。

午後五時半、港で待機していると、定置網漁から船が帰ってきた。定置網漁は朝夕二回で、このときだけは静かな漁村が賑《にぎ》やかになる。ただし、最盛期は冬の寒ブリ漁で、夏場は水揚げが少ないのだそうだ。

五〇本ばかりのハマチと若干の雑魚《ざこ》が手際よく種分けされ、発砲《はっぽう》スチロールの箱に詰められる。いつのまにか現れた魚見荘のおばさんが、イサキとイカを手籠《てかご》に入れ、

「これ、刺身にしてあげますわ」

と私に言う。

さて、七ッ穴へ、と期待していると、小屋のなかで酒盛りがはじまった。野田さんが私を手招きする。

大テーブルを一四、五人の漁師が囲み、大皿にはいま獲《と》れたばかりの刺身が無雑作に盛ってある。ひときれ食べてみると、弾力があって歯ごたえがよく、養殖のハマチとはまるでちがう。

「毎晩こうして飲むのですか」と私は訊ねた。

「いやいや」と野田さんは首を振った。「大漁の日と、それから不漁の日だけですよ。きょうは、まるきり獲れなんだから」

宴のなかばで野田さんが、「このお客さんを七ッ穴に案内するから」と座を立ちかける。

「七ッ穴はあしたでいいですよ」と私は遠慮した。しかし、野田さんは、

「あしたの海はどうなるかわからん。さあ行きましょうや」

と私を促した。

鹿老渡《かろうと》（広島県安芸《あき》郡倉橋《くらはし》町）

音戸《おんど》ノ瀬戸に橋が架かり、倉橋島《くらはしじま》が本州とつながったのは昭和三六年一二月である。開通日の朝、音戸町の町長がラジオのインタビューで、

「これで島の者と言われなくてすむようになりました」

と、涙声で語っていたのが強く印象に残った。

それいらい倉橋島の名は脳裡《のうり》にこびりついているのだが、あいにく私の旅への志向は鉄道に偏していて、島とは縁が薄かった。呉《くれ》線の車窓から倉橋島の島影を望むことはあっても、渡ろうとはしなかった。

私が鉄道にばかり乗って船に乗らず、島へ渡らなかった事情などは、どうでもいいけれど、鉄道の出現が交通の拠点であった島々の地位と繁栄を奪ったことはたしかであって、私など、そうした交通史の変遷の小さな落し子かなとも思う。

船が輸送の主力であった時代は、島か本州かは問わない。条件のよい港さえあればよいのである。

倉橋島も、山陽道に鉄道が敷設《ふせつ》され、蒸気船が出現するまでは帆船の拠点として栄え

ていた。その南端にある鹿老渡《かろうと》へ、これから行こうと思う。「かろうと」とは、外国船の碇泊《ていはく》するところ、つまり「からどまり」がなまったものだという。外国船が碇泊するほどだから、瀬戸内海航路の主要な寄港地だったわけで、北前船などの帆船が群がって沖が見えなくなるほどの賑《にぎ》わいを示し、遊女屋が軒を並べていたと伝えられている。しかし、現在は戸数一〇〇軒ほどの淋《さび》しい漁村である。

倉橋島の鹿老渡へのバスは呉から出る。一日三往復で、14時46分発が最終便である。このバスに乗るべく、三月二日（昭和六二年）、東京発8時12分の新幹線で出発した。関ヶ原付近の雪で二五分ほど遅れて13時30分、広島着。雪での徐行運転は計算に入れて早目の列車に乗ったのだが、最終バスに乗り遅れると大変なので、徐行中は気を揉《も》んだ。

広島発13時44分の電車で江田島《えたじま》を右窓に眺《なが》めながら旧軍港の呉へと向う。このあたりは戦前の「要塞地帯《ようさいちたい》」で、海側の窓を閉めさせられたものだ。五万分の一の地図も市販されず、その機密地域は倉橋島にも及んでいた。

呉着14時21分。駅前には呉市営バスの乗り場が並んでいる。昼下りの時間帯で、どの乗り場も閑散としていたが、「音戸・倉橋島方面」だけは三〇人ぐらいの客がたむろしている。昼下りの時間帯なので、老人や主婦が多い。

バスは14時46分の定刻に発車した。繁華街に停車すると、通路まで客でいっぱいになった。終点の鹿老渡まで行く客が何人いるのかわからないが、スタートは盛況である。

整理券箱の脇《わき》には、
「みかん箱一個につき普通料金の半額をいただきます」
の貼紙《はりがみ》がある。倉橋島はミカンの産地である。

市街地を出はずれると、海上自衛隊の諸施設、つづいて造船所群が現れる。巨大なドックやクレーンが並んでいるが、不況を反映してか、建造中の船はほとんど見られない。

造船所や製鉄工場の重工業地帯を過ぎ、ようやく海岸に出たと思うと、音戸大橋にかかる。テープの声が、

「カーブがつづきますので、ご注意ください」

と告げ、バスは岬《みさき》の突端の斜面を「の」の字を描きながら上る。船の航行の邪魔にならぬよう、水面上二三・五メートルの

高い位置に橋が架けられているのである。

橋上から見下ろす音戸ノ瀬戸は潮の流れの速いことで有名だ。潮が騒ぎ立ちながら流れるさまがバスの窓からでもよくわかる。

音戸ノ瀬戸の幅は、わずか八〇メートル。たちまち渡り終え、こんどは螺旋《らせん》状の取付道路をぐるぐると三回も回りながら下りる。眼《め》も回る。下りたところが音戸の町で、道端の海中に「清盛塚《きよもりづか》」がある。通路の客の肩越しに覗《のぞ》くと、石垣《いしがき》の上に宝篋印塔《ほうきょういんとう》と形のよい松がチラと見えた。

音戸ノ瀬戸の開削は平清盛がみずから指揮し、延べ六万人を動員して、わずか九カ月の工事で永万元年（一一六五）に完成させたという。人柱の代りに石に一切経を刻んで埋めたとも伝えられている。

とすれば、音戸ノ瀬戸が切り開かれる以前の倉橋島は、島ではなくて半島だったということになる。しかし、万葉集巻十五に見える「安芸国長門島《あきのくにながとのしま》」は倉橋島のことであり、平安時代には「鞍橋島《くらはし》」と呼ばれている。清盛による開削は、半島を切ったのではなく、海峡の幅を広げ、海底を掘り下げて船が通れるようにしたということなのだろう。

音戸では半数の客が下車し、数人が乗った。もう立つ客はいない。これから終点の鹿老渡までは約一時間かかる。道が曲折しているせいもあるが、倉橋島は面積六八・六平方キロあり、瀬戸内海では小豆島《しょうど》、屋代島《やしろ》につぐ大きな島なのだ。

バスは「生カキ発送」などの広告が目立つ音戸の家並を抜け、北へ突き出た双見《ふたみ》ノ鼻《はな》を回る。さていよいよ倉橋島の鄙《ひな》びた風情《ふぜい》が展開するぞと期待しかけると、広い埋立地が現れ、都市近郊で見かけるような新住宅が建ち並んでいる。音戸大橋が開通していらい、代々の仕事に見切りをつけ、呉市の会社へ通勤する島民が激増したという。そうした人たちの住宅なのだろう。若奥さんといった感じの客や小学生が何人か降りた。

ようやく車内が空《す》き、客もおばさんや老人ばかりになって、ローカルバスらしくなってきた。

バスは海岸線に張りついて走る。海上には島々が入り乱れて、瀬戸内海ならではの眺めである。山側は石垣を積んだミカンの段々畑だ。

岬を回ると入江で、奥《おく》の内《うち》という集落がある。もう新住宅はほとんどない。湾内には養殖カキの筏《いかだ》が浮かび、背後の山はミカンの段々畑である。

奥の内まで東海岸の県道を走ってきたバスは、海から離れて西海岸へ向う。このあたりは倉橋島の胴体のくびれた部分で、幅はわずか二キロ。音戸町と倉橋町の境になっている。そのくびれた地峡のようなところを、ちょっと走ると西海岸の釣士田《りょうしだ》に入る。古い入母屋《いりもや》づくりや白壁の家の多い漁師町だ。小さな造船所もあって、木造の小型漁船を組み立てている。降りてみたいと思うが、最終バスだから下車するわけにはいかない。

釣士田から黒い制服・制帽の明治時代の鉄道員のような服装の爺《じい》さんが乗ってきた。

潮風に吹かれてきた人たちは齢《とし》より老《ふ》けて見えるものだが、それを割引いても七〇歳に達しているだろう。が、「添乗員」と書かれた白い腕章を巻いている。

西海岸に出たバスは、しばらく入江の岸辺を走ると、山中に入って峠越えにかかる。倉橋島は説明しようのない形をしているので地図を見ていただくほかないが、西へと出っ張った部分を南へと横切るのである。

山へ入ると道は曲りくねった上りとなり、道幅も狭くなる。段々畑もなく、人家もなく、山奥に分け入る感じで、島にいるとは思えない。山肌《やまはだ》には赤褐色《せっかっしょく》の花崗岩《かこうがん》の塊りが露出し、転げ落ちてきそうだ。車窓からはまだ見かけないが、倉橋島は石切場の多いところである。

対向車が来る。道幅が狭く、カーブが連続しているので、すれちがうのがやっとだ。バックすることもある。老添乗員が「後部オーライ」と大声で叫ぶ。

宇和木《うわき》峠という面白い音の峠を越えると、下りにかかり、南に面した入江と、やや大きな集落が見えてくる。絵のような、と形容したくなる眺望《ちょうぼう》だ。この集落の名は「倉橋」であるが、島の名と紛らわしいからであろうか、「本浦《ほんうら》」と呼ばれており、町役場前のバス停も「本浦」であった。

本浦で客の大半が下車し、がら空きになったバスは、ふたたび海岸を行く。終点の鹿老渡まで、あと二〇分ぐらいである。

見事な松林がある。桂浜《かつらはま》という景勝地で、古さびた神社もあり、万葉集の「わが命を長門の島の小松原幾代を経てか神《かむ》さびわたる」はここで詠《よ》まれたという。

バスはミカンの段々畑に被《おお》われた岬や入江をめぐり、室尾《むろお》という集落に入る。新しい病院やスーパーマーケットなどがあり、やや開けた漁村だが、三味線を弾く人が非常に多いのだそうだ。平家の落人《おちうど》が住みついたからとする説もあるという。下車してみたいが、これまた降りるわけにはいかない。

室尾で、残っていた客のほとんどが下車したが、代って幼稚園児の集団が元気よく乗りこんできた。老添乗員が、

「立っとっちゃ危いぞ、ちゃんと坐《すわ》れ」

と怒鳴る。

ミカン畑は続いているが、立枯れの木が目立ってきた。倉橋島の南端部で、風が強いからであろう。

バス停ごとに幼稚園児が降りて車内が静かになる。と、発車しかけたバスが停《と》まり、運転手が、

「この子、眠っとるわ。うしろへつれてってやんな」

と言う。見ると最前部に坐った園児がコクリコクリとやっている。急ブレーキをかければ前の鉄棒に頭をぶつける席だ。老添乗員が子どもを抱き上げて後部の席へ運ぶ。

入江に抱かれた鹿老渡の家並が見えてきた。と、またバスが停まり、運転手が窓の外

へ首を出して、

「乗ってきな、タダでええわ」

と叫ぶ。一人のおばさんが、大きに、と言いながら乗ってくる。

16時20分、鹿老渡に着いた。客はタダ乗りのおばさんと私を含めて、おとな四人、園児三人であった。

心地よい潮風に吹かれながら集落のほうへ向いかけると、もう一つバス停の標識が立っている。見ると、倉橋町営バスの停留所で、室尾行と鹿島行の時刻が書いてある。鹿島はこの先にある面積三平方キロほどの島で、鹿老渡とは橋で結ばれている。呉市営バスは鹿老渡が終点なので、鹿島の人たちのために倉橋町が独自にバスを走らせているのであろう。

こういうバスがあるとなれば、もちろん乗りたい。一日三往復で、鹿島行の最終は15時30分となっているから、きょうは乗れないが、あすの8時10分に乗ればよい。

鹿老渡は、山と山との鞍部《あんぶ》の平坦《へいたん》な砂地の上にある。東側の山は、かつては島で、それが砂でつながったにちがいない。

そうした地形なので、港は北と南に二つある。入江に抱かれた北側の日ノ浦港は、帆船の群が風待ちをしたところであり、南側の安芸灘《あきなだ》に面した下浦港《しもうら》は堤防で囲われた新しい漁港である。

砂地の上の鹿老渡の集落は坂がなく、路地は碁盤目で整然としている。ひっそりとした家並を歩く。ナマコ壁や倉づくりの家が多い。新しい家もあり、古い家でも窓はアルミサッシであるが、全体としては、さびれた漁港の風情が漂っている。

その一角に「津和野屋」という大きな古い商家がある。二重屋根の母屋《おもや》、二つの倉があり、かつては大いに商売繁盛したのであろうが、いまは無人となり、白壁が剝《は》げ落ちている。

津和野屋から西への道の両側には二階から欄干の張り出した家々が並んでいる。遊女屋のつくりだ。

その先に白壁に二重屋根の立派な屋敷があり、玄関の軒に「お宿」と書かれた大きな提灯《ちょうちん》が下っている。これが今夜の宿の「民宿宮林旅館」である。玄関の格子《こうし》を開けて入ると、広い土間と倉の扉《とびら》がある。旧家の勝手口に足を踏み入れた感じだ。

きょうはお客さん一人だけですよ、と愛想よく笑うおかみさんに招じ入れられると、座敷の欄間には槍《やり》が何本も吊《つ》り下げられ、頼山陽《らいさんよう》の書もかかっている。池泉を配した庭もある。二五〇年前に建てられたもので、日向《ひゅうが》の殿様の参勤交代のおりの常宿だったという。

さっそく散歩に出かける。ちょうど干潮で、日ノ浦港の浜では、幾人もの人たちが岩についた天然のカキを手鉤《てかぎ》で獲《と》っている。引き潮で浜にとり残されたナマコを拾うおばさんもいる。

夕食の膳《ぜん》は港の宿にふさわしく海の幸ばかりが存分に並んだ。それを全部書くと大変だから盛合せ刺身の内容だけにとどめよう。大グチ（ヒラメの一種）、芝エビ、イカ、サヨリ、アナゴ、タコ、赤貝、トリ貝、エシ（巻貝の一種）、イサバ（小型のフカ）。アナゴの刺身ははじめてであった。生きているやつでないと刺身にはできないのだそうだ。

翌日。8時10分の町営のマイクロバスで鹿島へ渡る。約一〇分で島の西岸の碆之元《はえのもと》という漁村に着き、ここで引返す。往きは私一人であったが、帰途は老人と幼稚園児で満員になった。老人たちは室尾の医院に通っているのである。鹿島にも鹿老渡にも医者は一人もいないのだそうだ。

あわただしく鹿島を往復してから、きょうは暇ですからと言う宿のおかみさんに案内されて、東側の岬の上の番所（船の見張所）跡へ登ったり、難破船から打ち上げられた遺体を葬《ほうむ》った無縁仏の墓を見て回ったりする。

それにしても鹿老渡は祠《ほこら》や地蔵さんなどの多いところだ。神社と寺は一つずつだが、一〇〇戸ぐらいの小さな集落なのに、路地のあちこちに荒神さまや海の神などが祀《まつ》ってある。

「古い港の土地柄《がら》でしょうか。鹿老渡の人たちは信心深いんですよ。ですからね、本浦や室尾や鹿島で赤痢などが発生しても、鹿老渡からは患者が出ないのです。疫病《えきびょう》の神さまは鹿老渡をよけて通ってくれるんだって、そう言われてますのね」

そう言って、おばさんは笑った。

寺《てら》川《がわ》（高知県土佐郡本川《ほんがわ》村）

四国の地勢は険しい。西日本第一の高峰の石鎚《いしづち》山（一九八二メートル）も第二位の剣《つるぎ》山（一九五五メートル）も四国の山である。

二千メートルに達しないじゃないかと言う人もあろうが、山高きが故《ゆえ》に尊からずであって、この二峰を代表とする四国山地の峻険《しゅんけん》さを標高のみで計ることはできない。地学で言う「中央構造線」は四国において、もっとも深く鋭く切れこんでいるのだ。

山が深いから谷も深い。主流は「四国三郎」の吉野川で、石鎚山に端を発して四国山地の南側を東へと流れ、中流で北へと向きを変えて山脈を横断しながら「大歩危小歩危《おおぼけこぼけ》」の景勝地をつくり、阿波池田からは四国山地の北側に沿って紀伊水道へと向う。その流れかたは中央構造線そのもので、四国を南と北とに分けている。全長一九四キロ。お隣りの九州は四国の二倍の面積を有するが、吉野川に匹敵する大きな川はない。

私は鉄道の車窓から幾度となく吉野川を眺《なが》めてきた。徳島本線からの悠然《ゆうぜん》たる下流、土讃《どさん》本線からの大歩危小歩危の峡流、それぞれに好きである。

しかし、吉野川とのつき合いはそこまでで、中流以西に接したことはなかった。土讃

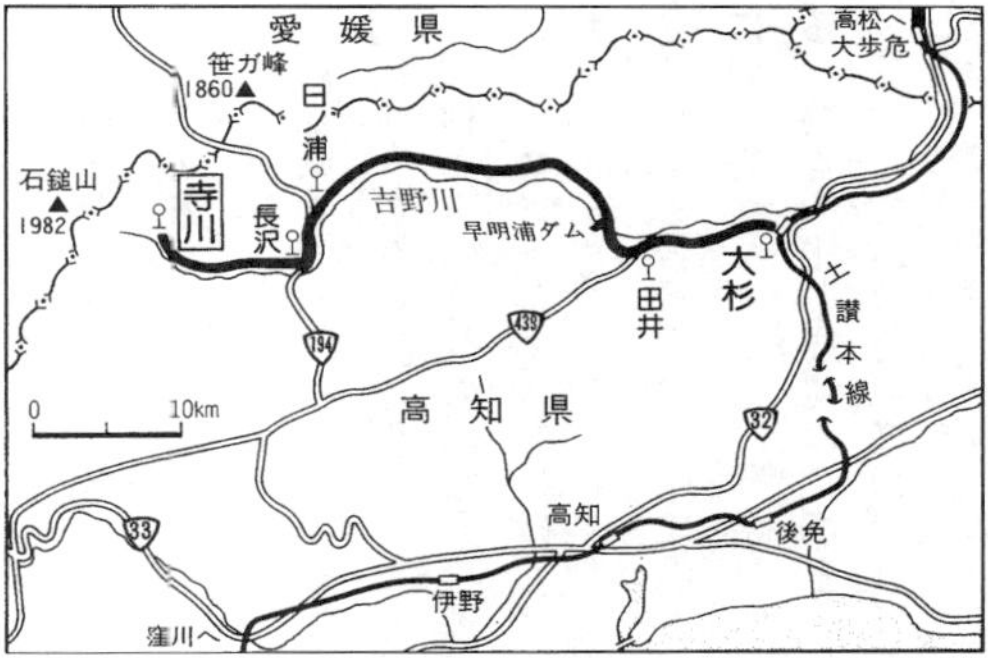

本線に乗って大歩危を過ぎ、大杉まで来ると、吉野川は西へと向きを変え、車窓から去ってしまうのであった。

「今回は吉野川を遡《さかのぼ》ってみたいですな。『時刻表』には大杉からのバスが載っていないので、どこまで入れるかわからないけれど」

と私は編集部の竹内君に言った。まもなく、

「バスを四本も乗り継がねばなりませんが、吉野川の源流近くまで行くことができます」

という返事とともにバスの時刻表が送られてきた。それによると、大杉―田井―日ノ浦―長沢―寺川《てらがわ》と乗り継ぐことになっていて、バスの乗車時間の合計は約三時間。ただし、接続はわるく、大杉から寺川まで六時間を要する。通して乗る客などいないのであろう。

　最終目的地の「寺川《てらがわ》」は、石鎚山に近い山奥の小集落で、人口わずか五六。よくもそこまでバスを走らせているものだと思う。もちろん、県や村の交付金で運営しているのだろうが。

九月六日（昭和六二年）、日曜日。東京発9時00分の新幹線で出発。岡山、宇野、高松で乗りかえて急行「あしずり7号」の車窓から小歩危、大歩危を眺め、17時27分、大杉着。高松までは晴れていたが、四国山地にかかると雲が厚くなり、大杉では小雨が降っていた。

高知県の山間部は雨量が多く、スギ、ヒノキがよく育つ。大杉駅の南二キロには推定樹齢千年の杉の巨木が二株あり、これが集落名、駅名の由来となっている。

大杉から田井《たい》行の高知県交通のバスに乗る。大杉は吉野川の支流の穴内《あなない》川に沿う集落だが、短いトンネルを抜けると吉野川の本流が姿を現わした。小雨にけぶる夕靄《ゆうもや》が谷をはっている。

蛇行《だこう》する吉野川の右岸に沿って県道を二〇分ほど走ると、本山《もとやま》の町に入る。戦国時代に城が築かれ、藩政時代には官道の宿駅として栄えたところで、吉野川中流の中心である。終点の田井までは、あと一〇分ばかりだが、きょうは本山で泊る。

予約しておいた「高知屋」は古風な建物で、おかみさんに訊《たず》ねると、昭和のはじめに料亭として建てられたという。他に客はなかった。

夜半に雨が強くなり、軒のトタンを激しく叩《たた》く音で幾度も眼《め》を覚ましたが、夜が明けると、さいわいにも雨が上った。雲が緑濃いスギ、ヒノキの山々にかかって、すでに山奥の感じだが、本当の山奥はこれから先の先である。目指す寺川とは、どんなところだろうと思う。

7時26分発のバスで、まず田井へ向う。きのう乗った大杉からのバスである。田井は土佐町の交通上の中心集落であるが、本山町とは吉野川の南岸に開けたわずかな平地でつながっている。

一〇分で、田井のバスターミナルに着く。

各方面へのバスが数台停《とま》っている。高知行の大型バスが一〇人ぐらいの客を乗せ、オレが主役だという顔をしている。

私が乗るのは「日ノ浦行」のマイクロバスで、隅《すみ》のほうに停っている。胴腹には「(有)嶺北観光自動車」と書いてある。株式会社ではなくて有限会社なのは小規模な経営体だからであろう。「嶺北」とは吉野川の中流・上流地方をさす古くからの地方名で、これは高知市側から見ての命名である。

客も運転手もいないマイクロバスに乗りこんで、7時50分の発車時刻を待っていると、ブルーの上っ張りを着た若奥さん風の女性が乗ってきて、見慣れぬ先客の私の存在に一瞬立ち止ってから、「お早ようんす」と挨拶《あいさつ》する。つぎに、おなじ上っ張りの女性が乗り、また挨拶。そのあと三人乗って、計六人になった。

7時50分になると、ジーンズに胴の細い粋《いき》な上着の青年が乗ってきた。山村にも格好のいい若者が残っているのか、どこまで行くのだろう、奇特なこと、と思いかけたが、青年は運転席に坐《すわ》り、サイドブレーキに手をかけた。制服・制帽ではないから、マイカーを運転する兄さんに見える。

本山への県道を少し戻って左折すると、眼前に巨大な早明浦《さめうら》ダムが立ちはだかった。早明浦ダムは吉野川の本流を堰《せ》き止めた多目的ダムで、貯水量は日本第四位、昭和四八年の完成である。

バスは高さ一〇六メートルのダムの左側の山腹に分け入り、右へ左へと曲りながら上る。

その屈曲する急坂の途中に、なぜこんな所に立地したのかわからないが小さな縫製工場があり、ブルーの上っ張りの二人の女性が下車した。残るのは私を含めて四人になった。

上りつめると、ダム湖が広がる。満水時より一〇メートルぐらい水位が低下しているので、湖岸には赤茶けた地肌《じはだ》や枯木の株が露出している。

バスはダム湖の入江や岬を丹念にたどりながら南岸を走り、赤く塗られたアーチ橋を渡ると、こんどは北岸を行く。

行けども行けども緑色の水をたたえたダム湖がつづく。なにしろ日本第四位の貯水量だから延々とつづく。

湖沼というものは人工か自然かを問わず、何らかの力によって堰《せ》き止められてできる場合が多いから、中禅寺湖であろうとダム湖であろうと本質的に変りはないはずなのだが、やはり自然の造化の妙と人工とでは味わいがちがう。歳月を経れば、その差が縮まってくるのかもしれないが、いまのところは人工の爪跡《つめあと》が歴然としていて、痛ましい。水没する以前の自然のままの吉野川や集落の姿を見たかった、もっと早く来ればよかったと思うが、時すでに遅く、ダム湖がつづくばかりである。

「良材は枝打と間伐から」

「間伐は良質材への第一歩」

などの立札が路傍にある。吉野川上流の主産業は林業である。

土佐町から大川村に入る。村の主要部は早明浦ダムによって水没し、人口はわずか九〇〇だという。

対岸に新しい学校が現れて、大川村の中心の小松《こまつ》に着く。山肌を削ってつくった狭い平地の小集落だが、役場をはじめ診療所その他の公共施設や旅館、食堂、タクシー営業所など、ひと通り揃《そろ》っている。建物はいずれも新しい。ダムの建設にともなって移転した新集落なのだ。かつての小松はこの下の湖底にあり、渇水時には旧役場の屋根が水面上に現れるそうである。

小松で三人の客が下車し、私一人だけになった。乗る客はいない。

ダム湖はまだ続いているが、幅が狭くなった。そして、両岸が切り立ってきた。対岸に滝が見えた。

8時40分、ようやくダム湖が尽き、峡流に変った。薄暗い陰気な谷で、岩に当って砕ける水だけが白い。バスは崖《がけ》に張りつくようにして走る。しかし、対岸を見上げれば斜面には家が点在し、わずかな耕地が拓《ひら》かれている。四国山地ならではの眺めだ。

険しい谷あいを二〇分ばかり走り、大川村から本川《ほんがわ》村に入って、9時02分、このバスの終着、日《ひ》ノ浦《うら》に着いた。葛原《くずはら》川という支流の合流点で、愛媛県の西条《さいじょう》と高知市とを結ぶ194号線が通り、地図の上では交通の要衝のように見えるが、崖の上にわずかな家々が並ぶ小集落で、平地はない。

このバスは9時25分発で田井へ引返すのだが、向きを変えるのが容易ではない。崖の上に張り出した転回場が設けられているが、ごく狭いので、マイクロバスなのに幾度も行きつ戻りつして、徐々に角度を変えている。ちょっと操作を誤まれば谷底に転落しかねないから、見ていてハラハラする。頼まれもしないのに「ストップ」とか「オーライ、オーライ」などと声が出てしまう。

ようやく方向転換が終ると、

「お客さん、どこへ行くのですか」

と運転手が訊ねる。長沢まで、と答えると、

「11時までバスはありませんが」

と気の毒そうに言った。

二時間をどうやって費やそうかと思いながら日ノ浦の集落を歩く。雨戸を閉ざして無

人となった家が何軒もある。そうした家々の間には石段がある。上ってみたが、ひどく急な石段で五〇センチ前進するために一メートル上らねばならない。登ってみれば、正にネコの額ほどの「家庭菜園」の跡がある。

そんな石段を登ったり、「食用キジ肉直売所」の札を掲げた農協の売店を覗《のぞ》いたり、峡谷を見下ろしたりしたが、それでおしまいで、まだ二〇分しか経《た》っていない。人影もないので、立ち話で時間を費やすこともできない。

私は時間をもてあまし、公民館に入った。日ノ浦では、この建物だけが新しい。管理者の女性に、11時のバスに乗る者だが時間があり余っているので、と言うと、

「どうぞ本でもお読みになっていてください」

と、図書室へ案内してくれた。

日ノ浦11時00分発の長沢行も嶺北観光のマイクロバスで、客は私一人であった。

発車すると、いきなり大橋ダムが現れる。吉野川の本流を堰き止めたもので、幅は狭いが高いダムである。バスは、いったん葛原川を遡り、国道194号線に合すると川を渡って対岸を高みへと上り、ダムを越える。大橋ダムは昭和一五年の完成である。

ふたたびダム湖の左岸に沿う道となる。国道だが道幅は狭く、対向車とすれちがうには幅員の広いところまでバックしなければならない。

人家はまったくなく、スギ、ヒノキの山肌とダム湖を眺めること二〇分、ようやくダ

ム湖が消えて、峡谷になる。

谷には青緑色の巨岩がゴロゴロしている。激しい造山作用によって造化された変成岩で、庭石として都市へ運べば一個何百万円もするような見事な岩ばかりである。

まもなく左から大森川が合流し、段丘上の長沢の集落に入って、11時26分、バスは本流に架けられた橋のたもとで停った。

長沢は本川村の中心集落で、戸数一三〇戸、人口二九〇というが、見た眼には五〇戸あるかなしの山峡の小集落としてしか映らない。しかし、村役場や診療所は新しい建築で、堂々としている。

つぎに乗るのは最終ランナーの寺川行のバスであるが、12時15分発なので四〇分ほど待時間がある。私は村役場に産業振興課長の高橋徳一さんを訪ねた。僻地《へきち》への取材者など珍しいのであろう、大いに歓迎され、高橋さんのほか課員の山中盛雄さんと教育委員会の川村隆通さんも同席してくれた。

もっとも、明るい話題はない。主産業の林業が不況なのだ。

「若い者は学校を卒業すると村外へ出てしまったきり戻ってはきません」

と高橋さんは嘆いた。

「庭石を売ったらどうですか」

と私は言った。

「いや、河川を荒廃させるので採取はできんのです」

「ところがですね」と川村さんが言う。「夜中にクレーン車でやって来て盗む者がおるのですよ」

長沢には日本で唯一《ゆいいつ》の全寮制の公立中学校がある。村域が広く、人口が少ないためである。生徒数は三学年で四〇人。

「教育効果は大きいでしょうね」

と私は言った。

「ええ、学力の平均化という点はよいのですが、いろいろ問題もありまして……」

川村さんが顔をくもらせる。イジメなども全寮制なので、より深刻なのだそうだ。

「耳塚《みみづか》」の話を案内書で読んでいたので、それについて訊ねる。スギ、ヒノキの盗伐者を見つけると、その耳を切り落とし、それを埋めたのが耳塚である。

「耳塚がどこにあるかはわかっていません。しかし、見つけた監視人のほうも命がけでして……」

「なるほど」

「その場で殺されたりはしないのですが、両腕を横に広げさせておいて長い棒を結わえつけてしまうのです。十字架にかけられたような格好になるわけです。そうすると、木につっかえて山から出られなくなり餓死してしまうのですね。そんな姿で死んでいる〝林区さん〟、つまり監視人の白骨死体が発見されたことがありましてね、その墓が寺川の手前の道端にあります。最近、案内板を立てましたので、バスから見えるはずです」

12時15分発のマイクロバスで最終目的地の寺川へ向う。これまた客は私一人であった。運転手は、

「朝の長沢行と夕方の寺川行きには小学校の生徒と診療所に通う年寄りが四人ぐらい乗りますが、昼の便は誰も乗りませんね」

と言った。

五分ほど走ると、またしてもダムが立ちはだかる。昭和二四年に完成した長沢ダムである。

道は細く険しくなり、山側は岩を掘り抜き、ダム湖側は絶壁という危なっかしい箇所が多い。スリルを感じる。しかし、林相は深く濃く、スギやヒノキの大木が見事だ。

三〇分ほどでダム湖が終り、すっかり細まった吉野川が姿を見せる。その水の清らかなこと。眼を洗われる思いがする。

と、前方の山肌に集落が見えた。なぜあんなところに？　と首をかしげたくなるような高みである。寺川の集落であった。

中《なか》山《やま》（宮崎県東臼杵《うすき》郡南郷《なんごう》村《そん》）

宮崎県の日向《ひゅうが》市から山奥へ入るバス路線が二本ある。他にもあるだろうが、『時刻表』の巻頭地図に載っているのは、上椎葉《かみしいば》と中山《なかやま》への二本である。

椎葉は「ひえつき節」で知られる秘境だが、最近は観光地化しているという。バスも一日六往復で、秘境にしては多い。

それにたいし中山へは一日二往復。私は判官びいきで、中山にひかれた。ただし、「中山」について何も知らない。

こんな中山へのバスが『時刻表』に掲載されているのは、途中に若山牧水の生家と記念館があるからだろう。

とにかく中山へ行きたくなって、手もとの地誌などで沿線を調べていると、日向市から一時間一〇分の地点にある「神門《みかど》」に興味をそそられた。

神門は南郷村の中心集落で、朝鮮半島から亡命してきた百済《くだら》の王族禎嘉王の一行が住みついたところだと伝えられている。平家の落人《おちうど》ならいくらでもあるが、百済とは珍しい。

百済が滅亡したのは六六〇年で、多くの百済人が友邦国の日本へ逃れてきた。彼らの高い技術と文化は大和朝廷に迎えいれられ、律令制《りつりよう》国家への体制づくりに大いに貢献した。これは紛れもない歴史上の事実である。なのに、なぜ日向の山奥へ逃避しなければならなかったのか。

興味と疑問を抱きはじめたところへ、編集部の手配で南郷村役場から一組の資料が送られてきた。村勢一覧や観光パンフレットに混じって『神門物語』という小冊子があり、南郷村の伝承が紹介されていた。

——禎嘉王たちは大和に定住したが、何かの事情で大和から逃れ、二艘《そう》の船で瀬戸内海を北九州へ向った。が、時化《しけ》に遭い、金《かな》ヶ浜《はま》（日向市。耳《みみ》川の河口の北方）と蚊口浦《かぐちうら》（高鍋《たかなべ》町。小丸《おまる》川の河口）に別れ別れに漂着した。

金ヶ浜に上陸した禎嘉王の一行は神門に居を定めた。蚊口浦に漂着したのは王子たちで、比木《ひき》（木城《きじよう》町）に住んだ。

それぞれ豪族や村人たちの尊敬を受け、安住の地を得たが、やがて追討の軍が神門へ迫ってきた。それを聞いた王子たちは神門へと馳《は》せ参じた。

禎嘉王に心服していた豪族たちは奮戦し、追討軍を撃退したが、禎嘉王は流れ矢にあたって死んだ。王は神門神社にまつられた——。

以上は南郷村の伝承であって、文字による記録は何もない。

けれども、火のないところに煙ならぬ伝承は生れないのであって、神門神社には三三面もの銅鏡が伝えられている。しかも、そのうちの一面は正倉院の御物《ぎょぶつ》と同一の品であり、また、東大寺大仏殿の台座下から出土した瑞花《ずいか》六花鏡とおなじのもある。加えて、百済製と察せられる馬鐸《ばたく》や馬鈴もある。

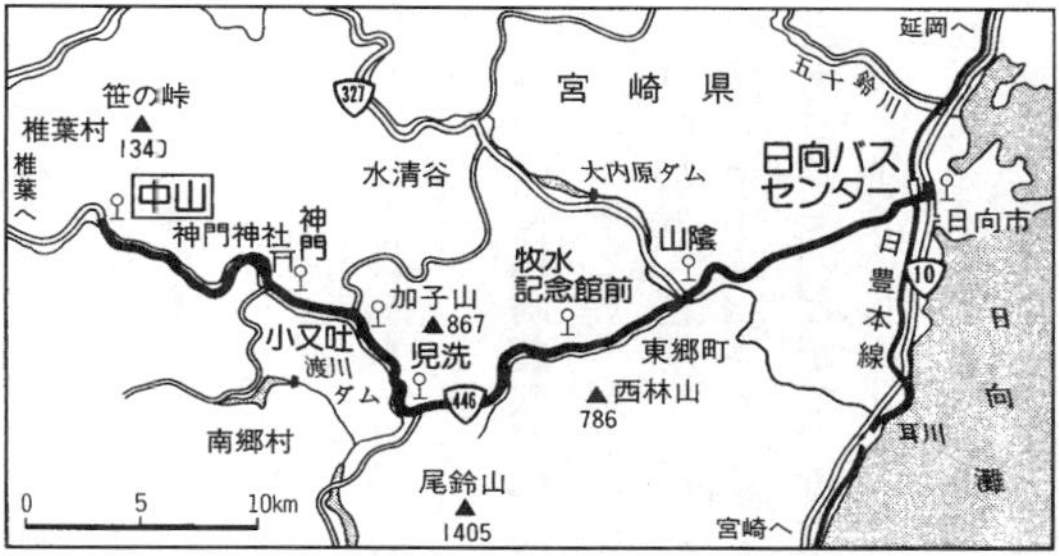

さらには、神門神社と比木神社が共同で催す「師走《しわす》祭り」というのがある。起源は不明だが、比木の王子と王妃が神門の禎嘉王を訪問するという形の祭りである。比木と神門とは九〇キロも離れているので、七つもの市町村にまたがる大規模な巡幸になる。こういう祭りは全国でも稀《まれ》だという。沿道に生れた若山牧水は『おもひでの記』で、「ずっと離れた二十里ほども遠い児湯《こゆ》郡のひきといふ所から出て各所を経巡りながら、その途中私の村をも過るので、その折に祭礼が行はれる」と書いている。

というわけで、南郷村の神門に興味を抱いてしまったのだが、ちょっと困った問題に気がついた。バスの終点の中山集落が南郷村からチョッピリ越境して椎葉村側にあるのだ。中山から椎葉村の中心へは高い峠を越えねばならないので、住民にとっては南郷村に編入されたほうが便利なのに、なぜそういう区分になっているのだろう。

バス路線からすると、今回は南郷村が主題になるが、肝心のバスの終点が椎葉村とはスッキリしない。役場を訪れても、「中山のことでしたら椎葉村の役場へ行ってください」と言われるかもしれない。神門から椎葉村の中心まではバスを乗り継いで三時間もかかる。

一〇月五日、水曜日。羽田発7時40分の全日空で宮崎へ向う。飛行機に乗るのは久しぶりである。

あいにく秋雨前線が停滞し、宮崎県は雨との予報。しかも大型の台風が南九州を目指して北上中という最悪の気象だ。

9時35分、宮崎空港に着陸。雲は垂れこめているが、雨はやんでいた。

宮崎発10時34分の日豊《にっぽう》本線の鈍行列車で日向灘《ひゅうがなだ》に沿う砂丘地帯を北へ向う。窓外は広々としてのどかで、東京から一気に飛んでくると戸惑いを覚える。

三〇分余で小丸川の河口を渡る。禎嘉王の王子たちが漂着したと伝えられるのはこの付近である。

リニアモーターカーの実験線を右に見ながら美々津《みみつ》を過ぎ、耳川を渡ると岩礁《がんしょう》に囲まれた淋《さび》しく美しい浜辺を走る。ここが禎嘉王一行が漂着した金ヶ浜だ。

日向市着11時46分。宮崎交通のバスセンターは駅の裏手のちょっと離れたところにある。

中山へのバスは一日二本のみだが、神門までは八本ある。私は12時00分発の神門行に乗りこんだ。

市街地を抜け出たバスは、まず椎葉へ通じる国道327号線を行く。「しいたけ」の広告が目立つ。

低い峠を越えて東郷町《とうごう》に入ると、耳川の北岸に出、ゆったりと流れる川面《かわも》を杉木立の合間から見下ろす。


12時25分、東郷町の中心山陰《やまげ》に着き、半数の客が下車した。山陰の集落は東南に面した段丘の上にあるのだが、対岸に冠《かんむり》岳という急峻《きゅうしゅん》な岩山が立ちはだかっているので、午前中は陽《ひ》が当らないという。

山陰で椎葉への国道と別れ、耳川を高い橋で渡る。川底が透けて見える。宮崎県の川はどれも水がきれいだ。

ここからは支流の坪谷《つぼや》川に沿う国道446号線を行く。両岸はわずかな段々田。刈り入れを終えた稲が稲架に干してある。束ねた茎の部分をビニールで被《おお》っているのは雨の多い地方だからだろう。

12時40分、牧水記念館前に着く。バス亭のすぐ前に生家と記念館が並んでいる。

牧水の生家は医者であった祖父が一八四五年頃《ごろ》に建てた二階家で、往診の際に乗った馬の小屋などもあり、当時としては豪邸だったにちがいない。

馬小屋に面した納戸《なんど》は牧水の部屋だったようで、ここで大酒を飲んだのであろうか。入口の立札には、

「飲むなと叱り叱りながらに母がつぐ　うす暗き部屋の夜の酒の色」

とある。旅好き酒好きの牧水には親近感を覚えずにはいられない。彼が肝臓障害で死んだのは昭和三年、四三歳であった。

生家と記念館を見てから裏手の山の歌碑へ行く。山肌から突き出た巨岩に、

「ふるさとの尾鈴のやまのかなしさよ　秋もかすみのたなびきてをり」

と彫られていた。対岸の尾鈴《おすず》山は雲に隠れているが、山裾《やますそ》と坪谷川にたなびく霞《かすみ》が、水墨画さながらに美しい。日本の山村には霞がいちばん似合う。

つぎに乗るバスは13時37分通過の中山行で、五分遅れでやってきた。こんどはマイクロバスである。神門から先は道幅が狭くなるのだろう。客は四、五人であった。

人家が跡絶《とだ》えて、うす暗い杉山の上りにかかり、峠の鎌柄《かまえ》トンネルを抜けて下ると、児洗《こあらい》という集落から小丸《おまる》川沿いになる。

「九州でいちばんきれいな水・小丸川」

の札が立っている。ここから先は中山まで小丸川に沿う。

小丸川の清流も遡《さかのぼ》って南郷村に入ると、「流され」という数戸の小集落がある。かな混りとは珍しい地名だが、洪水《こうずい》のたびに流されたのだろうか。

つぎのバス停は小又吐《こまたばき》で、右から水清谷川《みずしだに》が合する。「吐」は川の合流点で、この谷を遡ると、狩人《かりうど》たちの住む集落がいくつもあるという。しかし、水清谷へのバスはない。南郷村に入ってからは谷が狭《せば》まり、人家も少なくなった。「古代史の謎《なぞ》とロマン　百済の里」の観光板が沿道にいくつも立てられているが、わびしい山奥の谷の道だ。

ところが、にわかに前方が開け、盆地が広がる。家並もつらなっている。

盆地の面積は狭く、戸数にしても大したものではない。しかし、淋しい峠を越え、山峡を抜けてきた者にとっては、ほっと安堵《あんど》するような里の広がりなのだ。誇張して言えば「都」にたどりついたような気がする。ここが神門《みかど》である。地名の由来については諸説あるが、字面《じづら》からしてただならぬ。

14時20分、役場の入口で下車する。道の片側は古い家並だが反対側は新しい商店や住宅が並んでいる。国道が拡張されたからである。古い家並のほうには由来を記した札の立つ家が何軒かあり、客馬車、荷馬車の発着した「駐車場跡」もある。

神門までの県道が開通したのは明治三六年で、当時は山また山のこの地方における唯《ゆい》一《いつ》の動脈であった。神門は物資の集散地となり、椎葉その他の村人は荷を背負ってやってきた。延岡《のべおか》の商人も店を構えた。遊女屋が三軒もあったというほどの賑《にぎ》わいだったという。

つぎの中山行のバスは17時08分なので三時間ばかりある。

まずソバを食べる。卵白をつなぎにした一〇〇パーセントの手打ソバで、出汁《だし》は地鶏《じどり》。うまかった。

腹ごしらえをしてから、古びたモルタルの役場へ行き、企画課の原田須美雄さんを訪ねた。原田さんは『神門物語』の執筆者の一人である。

原田さんは気鋭の郷土史家といった感じの人であった。百済の最後の都の扶余《プヨ》へも調査のため二度行ったという。

うかがった話は多岐にわたり、興味津々《しんしん》であったが、それを詳述する紙幅はない。ひとつだけ記すと、禎嘉王一行が大和からこの地へ逃避したのは壬申《じんしん》の乱と関係があるのではないかとの説であった。これは大阪市立大学の直木孝次郎教授が原田さんに洩《も》らしたのだそうだが、説得力がある。

壬申の乱が終結し、大海人皇子《おおあまのおうじ》（天武天皇）による終戦処理がおこなわれたのは六七二年の八月末である。負けた近江朝《おうみちょう》側には数多くの百済人がいただろう。彼らが逃避したのは当然だろう。

八月末といえば台風の季節である。禎嘉王一行が時化《しけ》に遭ったという伝承と符合する。原田さんは海上保安庁や気象庁に問い合わせ、潮の流れによると金ヶ浜と蚊口浦に漂着するのは自然の理との教示を受けたという。

これでわかったと、私などの素人《しろうと》歴史好きは膝《ひざ》を叩《たた》く思いだが、学界の定説となるには実証性において不十分であろう。

が、南郷村にとっては「百済王伝説」は貴重である。しかも、正倉院所蔵とおなじ銅鏡もある。

「南郷村は、林業は不振、人口は減りますし、嫁不足も深刻です。明るい話題は何ひとつありません。村民は希望や誇りを失っています」

と原田さんは言う。どの山村でも聞かされることである。

「それで、正倉院とおんなじ建物をつくろうと考えまして……」

これは大胆なアイディアである。すでに宮内庁の了承と設計図の提供を受け、「村おこし運動」に対する国庫からの助成金の目処《めど》も立って、まもなく着工の予定だという。

神門神社の石段を上る。樹齢千年級の杉の大木が亭々《ていてい》と聳《そび》えている。由緒《ゆいしょ》を偲《しの》ばせるような古色蒼然《そうぜん》たる社殿のかたわらに不似合いなコンクリートの宝蔵庫がある。このなかに問題の銅鏡などが収められているのだが、一般には公開されていない。

中山へのバスの時刻まで、まだ一時間以上ある。雨が上っているのは幸いだ。例によって民家の裏をさまよう。都会なら「この付近に痴漢多し。怪しい人を見たら110番」の対象になりかねないが、山村にはそんな立札はない。通りがかった人が、「こんにちは」と声をかけてくれる。

民家の庭先で、おばさんが黒い子牛の腹をタワシでしごいている。訊《たず》ねてみると、肉の質がよくなるからと言う。まもなく殺される子牛は気持よさそうに身を任せている。

17時08分の中山行のバスは、マイクロではなく大型だった。

が、まもなく小丸川の谷が深くなり道幅が狭くなった。一車線である。運転手が私を振り返って、

「ガードレールは邪魔ですよ。私たちにはあんなものがないほうが走りやすいですわ」

と言った。

谷が狭まり、峡谷の様相を呈してきた。すでに五時半、谷は薄暗い。

吊橋《つりばし》のたもとにバス停がある。黄色の帽子をかぶった小学生の女の子が下車する。「気いつけな」と運転手が言う。残る客は、作業服の壮年二人と小学生二人と私だけになった。

今夜の宿は中山のバス停の手前にある養漁場である。民宿を兼ねているのだという。

運転手が「養魚場の前で停《と》めますわ」と言ってくれるが、それでは「バスの終点へ」にならないので辞退した。

前方の山腹に張りつくようにして点在する民家が見えた。中山の集落である。国道との標高差は一〇〇メートル以上はあろうかと思われる。しかも急斜面である。あんなところに、なぜ人びとが住みついたのか。

養魚場の前を通り過ぎると、すぐ終点の「中山」であった。

その先に短い橋があり、小丸川に合流する「ばばら谷」を渡っている。この谷が南郷村と椎葉村との境である。つまり、中山集落は椎葉村だが「中山」のバス停は南郷村内なのである。

親切な運転手が「養魚場まで乗っていきなされ、タダでようや」と言ってくれたが、私は厚意を辞し、橋を渡って椎葉村に入り、中山への道を歩きはじめた。谷深く、滝と瀬をつらねる水は清い。あたりは夕闇《ゆうやみ》が迫って、うすら淋しいが、こんな場所に身を置けるのは旅の至福である。

野間池《のまいけ》（鹿児島県川辺《かわなべ》郡笠沙《かささ》町）

　今回は薩摩《さつま》半島の西のはずれにある野間池《のまいけ》へ行こうと思う。鹿児島市からバスで三時間ほどかかる。

　が、なぜ野間池へ行くのかと問われても困る。このシリーズの一回目が北海道、二回目は三重県、ならば三回目は地域配分のうえで九州が適当だろうと考え、九州へ行くなら入口の福岡県あたりよりは南の端へ、という程度の発想なのである。つけ加えれば、終点の野間池に近づくと険阻《けんそ》な断崖《だんがい》を行くので、景色がよさそうだという期待もあった。

　野間池と決めたうえで二万五千分の一の地図を買って眺《なが》めると、これは池ではなくて円形の湾である。伊豆大島の波浮《はぶ》港や、おなじ薩摩半島の山川《やまがわ》港のように火口湖が海とつながったように見える。そうだと書いた地誌はないが、地形のことには興味がある。

　そういう次第で、今回は野間池へ行きますよ、と伝えると、編集部の秋田さんが、

「野間池ですか。あそこはブリの飼付漁が面白いのですが、この季節ではもう終ってしまったかもしれませんね」

　と首をかしげながら言った。さすがにくわしい。しかし私は、

「ブリが獲《と》れなくてもいいですよ。何もなければ無いなりのよさはありますしね」と悟ったように答えた。鉄道に乗って、それからバスに乗って、どこかへ着けばそれで満足で、何も見ずに引返してもいいと思うようになっている。

もっとも、こんな私と組み合わされた写真担当の郷司さんは気の毒だ。私のほうは何もなければ何もないと書けばよいが、写真ではそうはいかないだろう。

一二月一八日(昭和六二年)、木曜日。

前夜、新幹線で博多に着いて一泊した私は、7時00分発の特急「有明1号」に乗った。車内は空《す》いていた。

あいにく大型の低気圧が東シナ海から近づいていて、大雨や波浪の注意報が出ている。厚い雲が、いつでも雨を降らすぞとばかり空を被《おお》っている。二日前から野間池で取材しているはずの郷司さんは、空を仰いで嘆いているにちがいない。

熊本で客の半分以上が下車し、ますます車内が閑散となった。そして雨が降ってきた。

　雨の水田で苗の植付けがおこなわれている。米の二毛作かと思ったが、苗がイネより太く、色も濃い。畳表の材料のイグサである。

　8時55分着の八代《やつしろ》までは複線で、特急電車は快速で飛ばしてきたが、ここからはほとんど単線になり、カーブも多いので、にわかに速度が落ちる。列車は不知火《しらぬい》海の岸をゆっくりと走る。対岸の天草《あまくさ》は雨にけぶって見えない。

　水俣《みなまた》を過ぎて鹿児島県に入り、9時56分、出水《いずみ》着。近くにシベリア方面からの鶴《つる》の渡来地があり、ホームの立札に「只今のツル８０８０羽」と表示されている。途中下車したい衝動に駆られたが、我慢する。

　せめて空飛ぶ鶴の形のよい姿が見えないものかと窓に顔を寄せて見上げたが、一羽も見えないままに阿久根《あくね》を過ぎて淋《さび》しい海岸に出た。海上には白波が立っている。

　11時07分、薩摩半島の付け根の伊集院《いじゅういん》に停車。ここから枕崎《まくらざき》まで鹿児島交通のローカル私鉄が通じ、細面《ほそおもて》の鄙《ひな》びたディーゼルカーが走っていたのだが、二年前に廃線になってしまった。この鉄道が健在ならば枕崎の手前の加世田《かせだ》まで行き、そこからバスに乗り継いだほうが野間池へは近いのだが。

　雨が激しくなって西鹿児島着11時22分。

　いよいよ野間池へ向ってのバス旅となるが、バスターミナルは繁華街の山形屋という百貨店にあり、駅からは離れている。こんどのバスは11時50分発で、あまり時間がない。

鹿児島市には路面電車があり、西鹿児島駅前からバスターミナル方面へ通じているが、私はタクシーに乗った。雨はますます激しい。

「お客さん、バスでどこへ行くのかね」

と運転手が訊《たず》ねる。野間池だと答えると、

「そんならバスなんかに乗るより、このまま野間池へ行きましょうや。バスじゃ三時間もかかりますよ。車なら一時間半」

そう言ってUターンしそうになる。私は、あわてて制した。

11時50分発のバスは加世田行であるが、時刻表によれば、加世田ですぐ野間池行に接続するようになっている。昼食の時間がないので、私はパンを買って乗りこんだ。

バスは定刻にきちんと発車した。客は買物帰りの主婦や病院通いらしい老人など十数人である。

鹿児島のバスに乗れば、あの難解な鹿児島弁が聞けるだろうと期待していたのだが、客たちは黙って静かに坐《すわ》っている。この段階ではローカルバスではなく、見ず知らず同士が乗り合わせる都市バスなのだ。

市内の道路は渋滞し、バスは先へと進まない。これでは東京とおなじで、はるばる鹿児島までバスに乗りに来た甲斐《かい》がない。イライラするが、バスのダイヤは渋滞を見込んでいるようで、運転手が、

「発車時刻まで間がありますので、二分ほど停車します」

と時刻調整をしたバス停もあった。

市街地を抜けるのに三〇分ばかりかかって、ようやく家並が跡切《とぎ》れ、鹿児島県特有のシラスの崖下《がけした》をかすめながら上り坂にかかる。薩摩半島頸部《けいぶ》の伊作《いさく》峠を越えるのである。さすが南国で、一二月中旬というのに黄変した葉が鮮やかさを残し、それが雨に濡《ぬ》れている。

低い峠を越えると耕地が現れ、農協前のバス停にとまる。

「しばらく停車します。ふつうに走っているんですが、早く着いてしまうんですよ。毎度すみません」

と運転手。車内に笑い声があがる。

雨が小降りになり、13時25分、加世田に着いた。接続する13時30分発の野間池行のバスが待機している。

この加世田のバスターミナルは旧鉄道の駅前広場である。鉄道は廃止されても、依然として旧駅が町の交通の中心なのだ。黒ずんだ木造の駅舎もバスの営業所になって残っている。ただし、駅の構内は整地され、線路もホームもない。わずかに車輪や古枕木《まくらぎ》が一隅に積まれているのみであった。

すぐ発車時刻になって、中年の運転手が乗りこみ、エンジンを始動させた。

と、尿意を催した。バスで困るのはトイレのないことである。野間池までは一時間以上かかる。そう考えたことが、どこかの器官を刺激して尿意となったらしい。近年、括約筋の制御がままならなくなってきたという自覚もあった。我慢に専念する羽目になると、車窓風景も何も上の空になってしまう。

それで、運転手に話し、駅舎の便所へ行く。私に触発されたのか、おばあさんが一人、席を立ってついてきた。

二、三分遅れて発車した野間池行のバスの客は約一〇人で、やはりおばさんや老人が多い。しかし、鹿児島―加世田のバスとちがって顔見知りが乗り合せているようで、鹿児島弁が飛び交っている。

バスは県道31号線を行く。しばらくは集落が絶えることなくつづき、とりとめのないところだが、一五分ばかり走ると、松林の砂丘に入り、海が見えてくる。右後方に弧を描く海岸線は白砂青松で知られる吹上浜《ふきあげはま》であり、前方に山と岬《みさき》を幾重にもつらねているのが野間半島で、その先端近くに目指す野間池がある。雨がやんだので、雲は厚く低いが見通しはよい。

しかし、その眺めはまもなく終り、殺風景な干拓地に変る。その向うは高い堤防で、海は見えない。地図には「小湊《こみなと》干拓」とある。

それを過ぎ、海辺をちょっと走ると、また干拓地が現れる。昭和三〇年代に造成された「大浦干拓」で、面積四平方キロもある湾を埋めた大規模なものだ。

その大浦干拓のまん中を一直線に貫く道が野間池方面へと通じている。これを行けば早く野間池へ着けるが、バスは干拓前の海岸に沿う道を曲りくねりながら南へ向う。大浦の集落に立ち寄るためである。鹿児島から野間池までバスで三時間も要するのは、こうした回り道のためでもあるようだ。

大浦は入江の奥の漁港だったところで、干拓によって海と縁が切れた今日でも、思いなしか潮の香を漂わす家が多い。その大浦で三人の客が降り、一人乗った。

バスは干拓地を南から西へと迂回《うかい》しながら旧海岸線を走る。ここが元のままの海だったら景色がよかろうにと思う。しかも、こうして海を埋めて農地に変えたのに休耕地が多い。失政と断ずるほどの知識も気力もないけれど、干拓などしなかったほうがよかったのではないかという気がする。こうした干拓地があまり活用されていない例は全国的に数多い。

荒涼とした干拓地を右に見ながら、大浦町から笠沙《かささ》町へと入る。「町」らしい集落はないが、行政上はそう呼ばれ、野間池も笠沙町に含まれている。

「笠沙」は『古事記』『日本書紀』に登場する地名で、高千穂峰に天降《あまくだ》りしたニニギノミコトが皇都を定むべき地を求めて「笠沙」(日本書紀では「笠狭」)に到《いた》ったとある。遣唐船の発着地であった坊ノ津が、笠沙のすぐ南にあることから考えても、このあたりが古代日本の窓口の一つであったことはたしかだろう。

ようやく大浦干拓を右後方へ見送ると、窓外の眺めが一変する。長く突き出た岬、険しい崖、入江の奥やわずかな平地に軒を寄せ合う家々……。これまでは自然よりも人工の地であったのが、自然の懐《ふところ》に回帰したような景観になった。

小浦、片浦で一人、二人と降り、残るは私を含めて四人になる。

ここからが野間池行バスのハイライトで、断崖の上の際《きわ》どいところを走る。すでに集落はなく、ときに家が一軒ないし数軒が山肌《やまはだ》に張りつくようにしてあるだけだが、バス停は小まめに設けられている。そのバス停の名は、大当《うと》、高崎山《こざきやま》、大崩《うぐえ》、谷山《たいのやま》など、難読名ばかりである。これらのうちでも最難読の大崩付近は、もっとも道が険しかった。

崖っぷちに沿う道が下りになると、右前方に野間池が見えてきた。「池」の名がふさわしいほどに入口の狭い小さな湾で、神が恵んでくれたような絶妙な漁港である。十数艘《そう》の漁船が、その恵みを受けて舫《もや》っている。

湾のほとりの山神《やまんかん》というバス停を過ぎると、岸辺に沿って家並に入り、14時43分、時刻表より四分早く終点の野間池に着いた。運のわるいことに、やんでいた雨が、また降りだした。風も強い。

バス停の前にあった郵便局の軒下で雨やどりをしたが、雨が横なぐりに吹きつけるので、向いの雑貨店に駆けこみ、「民宿やました」の所在を訊ねる。電話で予約しておいた今夜の宿である。写真の郷司さんも、二日前から泊っているはずであった。

その民宿は、さきほど通過した山神バス停の近くにあり、歩いて一〇分とのこと。雑貨店で雨が小やみになるのを待ち、強風に吹かれながら小学校の裏手の「民宿やました」にたどりつく。看板がなければ普通の民家としか見えない。

声をかけると、色白のおかみさん、ついで色の黒いおっさんが現れた。おかみさんは愛想よく、おっさんは愛想がない。

招じ入れられて、居間で茶を飲む。大根のベッタラ漬《づ》けが添えられている。郷司さんは？　訊ねると、朝から出かけたまま、まだ帰って来ないとのことであった。

「お客さん、釣《つ》りに来たのですか」

と、おかみさんが言う。そうではなくてバスに乗りに来たのだと説明していると、傍《かたわ》らのおっさんが、「五時から魚市場でセリがある。ブリが上るはずだから見てこい」という意味のことを鹿児島なまりで教えてくれた。


傘《かさ》をかりて、外に出る。

まだ四時すこしまえで、五時のセリまでは時間がある。

風は強いが、トンビは空を飛び、吹き流されながら獲物《えもの》を探している。カラスは飛ばずに、道ばたで首だけ動かしている。

行くあてもないので、「夕日ヶ丘展望台」の表示にしたがって坂道を登る。天気が良ければ日没がすばらしいのだろうが、悪天のきょうは望むべくもない。それどころか、風が強くて体がよろけそうになる。このあたりは台風の通過地として有名だが、ちょっとした低気圧でも強い風が吹くのだろう。亜熱帯系の緑の濃い木々も枝を地に這《は》わせている。

坂道の途中から引き返し、漁村のなかに戻る。

どの方向へ歩こうと、すぐ海か山に突き当たるところをウロウロしていると、診療所があった。鉄筋二階建てで鄙《ひな》には稀《まれ》な建物である。ただし、

「医師の都合により当分の間休診します」

との貼《は》り紙があり、「僻地《へきち》患者輸送車」と大書されたライトバンが停《とま》っている。医者の代りは患者輸送車かと、貼り紙と車との双方を見くらべていると、診療所のなかから人が現れて、

「無医村の取材ですか?」

と訊ねる。「取材」という職業用語が、津々浦々に行きわたっているのだろうか。そういえば、民宿やましたの居間の壁にも、テレビで取材されたときのスナップ写真が額に入れて掲げてあった。

五時からの魚市場でのセリは、わびしいものであった。並べられたトロ箱は、わずか一〇箱、仲買人も、たったの五人である。セリにかけられたブリの数は一〇匹余で、その青味を帯びた銀色の姿態はなまめかしかったが、活気のないままに一〇分ぐらいで取

引は終ってしまった。

宿に戻ると、郷司さんが居間に坐っていて、「天気がわるくて」と疲れたように言った。いまひとつ冴《さ》えない野間池へのバス旅であったが、夕食の膳《ぜん》に並んだ魚たちは、さすがに新鮮だった。皿数も量も多い。これで一泊二食五〇〇〇円、焼酎《しょうちゅう》は無料で飲み放題であった。そのなかでの出色は大正エビで、冷凍でないのを食べたのははじめてであった。別種のエビかと思うほど柔らかく、うまかった。

他に客はないので、おやじさんとおかみさんが同席し、話がはずんだ。

水雷艇「震洋」特攻隊が、この野間池から出撃した模様を、無愛想のはずのおっさんが眼《め》を輝かして語れば、おかみさんは昭和二六年の秋に襲ったルース台風の恐ろしさを手ぶりを加えて話す。

そんな話題のなかで、診療所休診の件を訊ねてみる。

「医者の月給は八〇万円ですよ。しかも二倍半のボーナス。それなのに、二、三年勤めて金を貯《た》めると逃げちゃうんですよ」

と、おかみさんは言ってから、こうつけ加えた。

「お客さんは、お医者さんですよな。さようなお顔だ。ここの診療所を見に来なすったんでしょう。よろしく頼みますな」

鹿児島弁まじりを正確に記すことはできないが、そういう意味であった。

奥《おく》（沖縄県国頭《くにがみ》郡国頭村《くにがみそん》）

那覇《なは》を訪れるのは今回が二度目で、この異色の都市について論じるほどの見聞はないのだが、一つだけ物足りない点がある。それは「駅」のないことだ。

鉄道の駅があり、駅前広場があり、そこが町の玄関で交通上の中心というのが近代都市の基本的形態である。それはまた市民の共用の場でもあって、寄るべなき人は駅に憩《いこ》い、鉄道ファンたる私は駅を見て安心し、この町へ来たのだと実感する。

しかるに那覇には鉄道の駅がない。

かつては沖縄にも鉄道があった。那覇を中心として県営鉄道の三路線が北、東、南へと延びていた。那覇の港から首里へ通じる路面電車もあった。しかし、戦争で破壊され尽くし、戦後はモータリゼーションの権化《ごんげ》のようなアメリカの支配下となって、復活していない。

ただ、せめてもの慰めは、かつての県営鉄道の那覇駅の跡地がバスターミナルとなっていることである。鉄道の駅が消えたのは無念だが、バスのために活用されるのであれば次善と言える。

七月八日（昭和六二年）、水曜日。首里のホテルに一泊した私たちは名護《なご》行のバスに乗るべく、その鉄道駅跡地のバスターミナルへ行った。今回は若い編集部員の竹内正浩君との二人旅である。竹内君は沖縄ははじめてとのことであった。

バスターミナルは二階建ての長々と横たわった建物で、駅舎を思わせた。

「まるで鉄道の駅だ。〝那覇駅〟の看板を掲げれば似合うのに」

と私は思わず言ったが、中に入ってみると、コンコースも切符売場も改札口もなく、一階は各バス会社の営業所が並んでいるばかりである。しかし、二階は食堂や土産物店街で、これは駅ビルに似ている。

二階からは歩道橋がバス乗場へ通じている。その上から見下ろすと、各方面への乗車番線がずらりと並び、広い構内には待機中のバスがぎっしりと詰まっている。

「こんな大規模なバスターミナルは見たことがありませんな。さすが鉄道のない県だ」

「いったい何台停《とま》っているのでしょう」

数えてみると、五〇台以上はいる。

つぎつぎとバスが入ってきては発車して行く。一〇秒か一五秒ごとに一台の割で出たり入ったりしている。

「鉄道だったらポイントや信号機があって、とてもこんなに頻繁《ひんぱん》には発着できませんね。やはりバスは小回りが利《き》くんだなあ」

感心しながら動きまわるバス群を見下ろしているうちに、軽い目眩《めま》いがした。きょうは快晴で、南国の太陽が照りつけている。めくるめくような青空だ。気温はすでに三〇度を越えているだろう。湿度も高いようだ。

ところで、今回のバス旅の目的地は、沖縄本島の北の果てにある「奥《おく》」という集落である。

奥へは国道58号線が通じている。沖縄本島の西岸を行く国道で、那覇―奥間は一二一キロある。

この一二一キロという距離は驚くに値するだろう。

日本でいちばん大きな島は本州で、つぎは北海道、九州、四国の順であることは子どもでも知っているが、五番目は？　となると難問ではないかと思う。正解は二つあって、一つは千島の択捉《えとろふ》島、もう一つは沖縄本島である。

沖縄本島の面積は一二二〇平方キロもある。しかも細長い島だ。中心をなす那覇は南にあり、奥は北端にあるので、一二一キロという長い距離になる。

那覇から奥への直通バスはない。名護と辺土名《へんとな》とで二回乗りかえねばならない。まずは名護行のバスに乗ることからはじまる。

「前途遼遠《りょうえん》ですな」

と言いながら、私たちは9時40分発の琉球《りゅうきゅう》バスに乗りこんだ。那覇―名護間は幹線ルートで、各社のバスが協調して一二分間隔のダイヤを組んでいる。

バスは冷房車であった。流汗淋漓《りんり》の身にとっては何よりも有難い。

「沖縄のバスは、みんな冷房ですか」

と竹内君が運転手に訊《たず》ねている。

「ええ、そうですよ。海洋博のときから冷房が入りはじめましてね。いまでは全部のバスが冷房車です」

定刻9時40分に発車した名護行の冷房バスは繁華街の国際通りに進入する。交通渋滞に悩まされている那覇市内でも、もっとも混雑の激しい通りで、ラッシュ時には長さ一マイルの繁華街を通り抜けるのに三〇分もかかるという。

いまは、さして混雑していないが、バスは停留所ごとに三分、五分と長い停車をする。渋滞した場合を勘案してダイヤを作成しているらしい。やはり専用軌道を走る鉄道のほうがいいなと思う。

二〇分以上かかって国際通りを抜け、左折して弾痕《だんこん》の生ま生ましい崇元寺《そうげん》の石門の前を過ぎると国道58号線に入る。中央に分離帯のある六車線の広い道だ。嘉手納《かでな》基地への軍用道路でもある。バスはスピードを上げた。

米軍のトラックが並行して走っている。積まれているのは少年のような若いアメリカ兵で、暑さにうだって上気した赤い顔が、私たちの冷房のバスを羨《うらや》ましそうに眺《なが》めている。

那覇から一時間、嘉手納を過ぎると、ようやく米軍基地の様相は薄らぎ、国道も四車線になる。歩道に植えられたハイビスカスが赤い花をつけている。

まもなく左窓に海が現れる。コバルトブルーの海で、沖合には珊瑚礁《さんごしょう》に砕ける白波が立っている。南国沖縄の海だ。その水の透きとおってきれいなこと。「ウワァー、泳ぎたいな」と竹内君が若者らしい声をあげる。いつのまにか四車線の道が二車線になっている。しかし、歩道はあり、ハイビスカスも咲いている。

このあたりから「××ビーチ前」というバス停名が多くなる。ムーンビーチ前、タイガービーチ前、瀬良垣《せらがき》ビーチ前、ダイヤモンドビーチ前、伊武部《いんぶ》ビーチ前……。どのビーチにも海水浴客用の大きなホテルが建っている。個性のない鉄筋ビルばかりだ。

「泳いでいる人が全然いませんね。もったいないなあ」

と竹内君が言う。貝でも漁《と》っているのか、地元の人が磯《いそ》や浜に散見するのみである。

前方には本部《もとぶ》半島が突き出し、その向うには鍋《なべ》の蓋《ふた》のような形をした伊江《いえ》島が浮かんでいる。

珊瑚礁の海にも見飽きた頃《ころ》、バスは市街地に入って11時42分、名護十字路に着いた。沖縄本島北部の要《かなめ》の位置にある名護市の中心部で、乗客の全員が下車した。さらに先へとバスに乗り継ぐ場合も、ここで降りたほうが便利なのである。

しかし、私たちは終点の「名護バスターミナル」まで乗ることにした。今回の目的地は名護ではないが、終点まで乗ってみたかった。

名護のバスターミナルは町から遠く離れた埋立地にあった。付近に人家はなく、広い駐車場にバスが並んでいるばかりである。各バス会社の営業所が軒を並べているが、乗客用の待合室はなく、売店でジュースなどを買っているのもバスの運転手である。バスの運行上の拠点としてのみ機能しているターミナルで、ここまで乗る客のいないのも肯《うなず》けた。鉄道でいえば操車場か機関区である。

そういうバスターミナルで、乗客の姿はなく、真昼の太陽が強烈にバスとコンクリートの構内を照らしつけるばかりなのだが、わずかに数人の男子高校生がたむろしている。色黒く眉《まゆ》濃く、逞《たくま》しい形相の高校生である。

つぎに乗るのは辺土名行のバスである。これも運転本数は意外に多く、二〇分ないし二五分間隔で運行されている。こんどの辺土名行は12時10分。

名護のバスターミナルから乗ったのは私たち二人だけであったが、十字路では十数人の客が乗りこんだ。ほとんどが買物袋をさげた主婦で、病院通いらしい老人も二、三人いる。これは本土の昼間のバスとおなじだ。

バスは本部《もとぶ》半島の基部を横断し、ふたたび西海岸に出た。しかし、珊瑚礁に囲まれたコバルトの海ではなく、本土と変りのない平凡な海だ。もう「ビーチ」はない。

右窓は平凡な山地であるが、那覇から嘉手納までは低い台地、名護までは丘陵、そして山地へと地勢が変ってきている。それにつれて集落の規模も小さくなり、風景が鄙《ひな》びてきた。

沖縄本島の北部は「ヤンバル」（山原）と呼ばれている。「飛べない珍鳥」ヤンバルクイナの発見によって広く知られるようになったが、「ヤンバル」とは「いなか」の意である。この地域は山が深く、ヤンバルクイナのほかに国の天然記念物に指定されているノグチゲラ（キツツキの一種）やヤンバルテナガコガネなどの珍しい動物が生息している。「東洋のガラパゴス」という喧伝《けんでん》はやや誇張気味だが、いずれにせよ秘境である。そして、これはヤンバルだけではないが、恐ろしい毒蛇《どくへび》ハブもいる。

那覇からバスを乗り継いで二時間半、ようやく私たちはヤンバルの地にやってきた。

出入りの少ない海岸線に沿う国道58号線を辺土名行のバスは坦々《たんたん》と走る。ときどき細い川が山地から海へと流れ出て、その河口付近に小集落とバス停がある。わずかな平地にはサトウキビが植えられている。バナナのような葉のバショウの畑もある。この葉で沖縄名産の芭蕉布《ばしょうふ》が織られる。

民家の屋根は赤土瓦《がわら》が多い。目地を厚く塗りつけたのが特徴で、台風の通過地だからであろう。その赤い屋根に獅子《しし》をかたどった魔除《まよ》けのシーサーをのせた家もある。これも沖縄ならではの風物だ。

集落の付近には墓地がある。本土のような墓石を立てたものではなく、いわば納骨堂で、屋根の型によって亀甲墓《きっこうばか》、破風墓《はふばか》、家型墓などと呼ばれる。

名護市から大宜味村《おおぎみそん》へ、そして沖縄本島の北部を広く占める国頭村《くにがみそん》へとバスは入って行く。

13時10分、終点の辺土名に着いた。バスターミナルは狭く、四台駐車すれば埋まってしまうが、木造平屋の「駅舎」はあり、待合室や便所もある。

ここで最終目的地「奥」へのバスに乗り継ぐのだが、さすがにこの区間の運転本数は少なくて、約二時間に一本の間隔となる。13時00分発が出たばかりなので、つぎは15時00分発である。二時間弱の待時間がある。

冷房の車内から外へ出ると、なんたる暑さか。ターミナルに敷きつめられた石灰岩質の白い砂利が眩《まぶ》しいほどに照り返し、上と下からの熱射攻撃だ。

私たちは冷房と昼食を求めて、一軒の軽食喫茶店に入り、スパゲッティなどを注文した。辺土名は国頭郡の中心地なので、しかるべき店で沖縄らしい昼食を期待して来たのだが、思いのほかに小さな集落で、飲食店などほとんどなく、この店を見つけるのがやっとであった。

昼食を終えても、バスの発車時刻の午後三時まで一時間もある。私たちは村役場を訪れることにした。

国頭村役場は、入口の横に「ハリアー・パット設置反対」の札を掲げていた。ハリアーとは垂直離着機で、パットは離着陸用地である。米軍がパットの設置を国頭村に要請しているのだ。嘉手納以北は米軍基地とは無縁なところかと思っていたが、そうではないらしい。

村役場で応対してくれたのは企画課の大城《おおしろ》武雄さんであった。助役席の前の応接テーブルに招じ入れられたのは有難かったが、役場内は冷房がない。汗をふきながら問う。いろいろお話をうかがったが、強く印象に残ったことだけを記す。

「国頭村にはダムが三つあります。この水は主として上水道用で、ほとんど那覇方面へ送られます。私たちの村は沖縄本島の水ガメです」

「けれども、南部の人はこの地方をヤンバルと呼びます。ご承知でしょうが、田舎ということです。ヤンバラーとなると田舎者という意味ですね。しかし、こちらも居直って、ヤンバルにこそ沖縄の良さがあると宣伝しています」

辺土名発15時00分。冷房のバスである。

奥までの距離は二六キロ。所要時間は一時間一〇分となっている。国頭村は、それほど広いのだ。

乗客は一二、三人で、地元のおばさんや老人がほとんどである。みんな眉が濃く、色が黒く、笑ったときの歯だけが白い。互いに顔見知りなのであろう、車内は元気のよい会話が飛び交っている。話の内容は私たちヤマトンチュウ（本土人）には皆目わからない。

一〇分ほど走って与那《よな》という小集落に停車。客の半数が下車した。

集落の間隔がまばらになる。どの集落も小さく、強い陽光の下に静まりかえって人影はない。海に珊瑚礁はなく、本土と変りない色をしている。

バスは平凡な海岸に沿う二車線の国道を坦々と走り、ときに停車して、一人二人と客を降ろす。行き交う車もほとんどない。ヤンバルの北の果てへと近づけば特異な景観に出会えるかと期待してきたのだが、平凡な景色の連続だ。

宜名真《ぎなま》で老人が一人下車し、残る客は私たち二人だけになった。

ここで、ようやく見るべきものが現れる。前方に立ちはだかる「茅打《かやうち》バンタ」という断崖《だんがい》で、バンタ（崖）の上から束ねた茅を投げ落とすとバラバラになって海面に打ちつけられるので、この名がある。

茅打バンタを通る道は「戻る道」と呼ばれていた。絶壁につけられた細い道のため、向うから来る人とのスレちがいができず、どちらか一人は引返さなければならなかったからだという。

そうした事情を案内書で読んできたので、いよいよ茅打バンタだと眼《め》をこらすのだが、断崖の高さは五〇メートル程度にすぎず、格別の凄《すご》みはない。しかもバスは昭和五七年に開通した宜名真トンネルで難なく難所を通り抜けてしまう。景色は一変し、亜熱帯植物とサトウキビ畑とが混在する平坦な台地になる。

まもなく沖縄本島北端の辺戸岬《へどみさき》である。この岬に立つと鹿児島県の与論《よろん》島が見えるという。沖縄返還以前はこの間が「国境」で、サンフランシスコ講和条約発効の記念日の四月二八日には、毎年かがり火を焚《た》いて日本への復帰を願ったという岬である。

しかし、国道58号線は辺戸岬の手前で右へと大きく曲り、台地の上を南へと向う。バスも辺戸岬には立寄らない。岩塊をつらねた異様な山容の辺戸御嶽《おんたけ》の東麓《とうろく》を迂回《うかい》しながら目的地の奥へと走る。

広々とした辺戸の台地からシイの木の茂る山中の下り道になる。

まもなく細い川と、わずかな耕地と赤瓦の集落が現れ、終点の奥に着いた。15時37分であった。辺土名—奥は一時間一〇分かかるはずだから三〇分以上の早着である。

私は運転手に、早着の理由を訊ねた。鉄道時刻表の愛読者としては、こういうことは気になる。

「途中から乗るお客さんはいませんので、下りの場合は時間調整をしないでよいことになっています」

との返事。

この運転手さんの一日の勤務は辺土名―奥の三往復で、勤務が終れば辺土名からマイカーで大宜味村の自宅へと帰るのだそうだ。

それはとにかく、ようやく奥にたどりついて眺むれば、集落のたたずまいの、なんたるのどけさ、落着き、そして平和なこと。三方を山に囲まれ、赤瓦の平屋の家々が寄り添い、芭蕉、ソテツなどの亜熱帯植物が庭に茂っている。私は一瞬、ボルネオあたりの村落に紛れこんだような錯覚をおぼえた。


その奥集落のなかで異色を放つのは、国道の脇《わき》に立てられた「奥共同店」というスーパーマーケットである。鄙《ひな》には稀《まれ》な建物だ。

これについては少しく説明を要する。

奥集落は、いわば陸の孤島であった。ヤンバルは民俗学的にも貴重な独特の風俗習慣を残す辺境であり秘境なのだが、わけても奥はその色合いが濃い。茅打バンタの険崖が陸路を遮断《しゃだん》していたからである。集落の東を流れる奥川の河口に港があり、そこから「ヤンバル船」と呼ばれる帆船に薪《まき》を積んで那覇方面へ運び、日用品を購《あがな》って帰るという海上交易が唯一《ゆいいつ》の外界との経路であった。

そうした立地条件からであろう、奥の人たちは原始共同体とも言える生活を今日でもつづけている。山林の管理も、農耕作業も、昭和のはじめに栽培のはじまった茶畑の手入れや収穫も、その他もろもろについての作業は奥住民が共同でおこなっている。冠婚葬祭も共同体の行事で、奥地区の区長が主宰しておこなわれる。

奥は一一四戸、人口二七二という小さな集落であるが、外界と隔絶した地なので、郵便局、駐在所、診療所などの公共機関が揃《そろ》っている。もちろん小中学校もあって合計三四名の生徒が通学している。個人主義自由主義の青年教師も赴任してくるのだが、たちまち共同体生活に包みこまれてしまうという。

そうした奥集落の共同体の象徴的存在となっているのが「奥共同店」なのである。奥には個人経営の商店は一軒もない。雑貨も酒もタバコも、この奥共同店で購入する。出資も経営も奥区民全員によるもので、店員も回り持ちで務める。だから、奥は社会経済史学者の注目するところとなっている。なかには「原始共産制」と見なす学者もある。

しかし、奥共同店の歴史は「原始」とは無縁のもので、明治三九年の開設である。奥共同店の横には「糸満盛邦翁頭彰碑」というのが建てられている。その碑銘には、「……生前自ら営んでいた店の利益が大なることを認め、それを何とか字民共同の事業とすべく、時の有志と諮《はか》り（中略）、明治三九年春、奥共同店として産声《うぶごえ》をあげた」とある。糸満翁なる人の心のなかの「共同体」意識にこそ注目すべきではないかと思う。

奥共同店に入ってみる。内部は本土のスーパーと変りはなく、商品も大半は本土の大手メーカーのものばかりである。ただし「198円」というような小賢《こざか》しい価格表示はない。

どれも末尾に0がついている。

レジにおばさんが二人坐《すわ》っている。出資者であろう。その横の机に初老のおっさんがいて、何やら書類をめくっている。この人が共同店の二十六代目の組合長の宮城親哲さんである。

その宮城さんから「奥茶」を頂戴《ちょうだい》しながら話をうかがう。静かな低い声に方言が混じって聞きとりにくかったが、「一日の売上げは平均二〇万円」「店の新築で銀行からの借入金はあるが、若干の黒字を計上しており、昨年度は一戸あたり三〇〇〇円の配当をした」とのことであった。

さて、今夜の宿は「おく旅館」。奥集落で唯一の旅館を予約してある。竹内君の話によると、

「雑誌の取材で、これこれの先生と写真家とでバスの終点云々《うんぬん》と説明しかけましたらね、そんな長話は電話代がもったいない、八日に三人ですねと、ガチャンと電話を切られました」

とのこと。

石積みの塀《へい》のなかにパパイヤなどが実をつける路地に入ると、「おく旅館」の看板をかかげた古びた家があった。ここで一夜を明かさねばならぬのかと、竹内君と顔を見合せたほどの陋屋《ろうおく》である。おかみさんの応対も素っ気ない。冷房のスイッチを入れても冷

風は吹き出さず、壁にはヤモリがいる。

疲れたので畳の上に横になる。天井にもヤモリがいる。

まどろむうちに、引き戸を手荒く叩《たた》く音がして、写真の郷司さんが現れた。叩かないと開かない戸なのである。

外出していた竹内君が戻ってきて、三人で食事。刺身と焼魚が出たが、新鮮ではない。わずかに地元産のニガ瓜《うり》の天ぷらだけが賞味できる。沖縄特産のオリオンビールも生ぬるい。私たち三人は憮然《ぶぜん》としながら泡盛《あわもり》をひたすら飲むことになった。

けれども、これで紀行文を終るわけにはいかない。まもなく同席したおばさんの話を聞くうちに、このボロ旅館に泊ってよかったな、と思うようになったからである。

おばさんの名は金城ユキさん。未亡人で、診療所も管理している。急患があれば辺土名からの救急車を待つ間、応急処置をするという。この旅館にしても彼女の意思で経営しているのではない。「共同体」の要請によるのだそうだ。「旅行者向きに改築しようか」との申出に対し、彼女は「このままでいい。それが奥の旅館です」と答えたという。

そのほか、奥には犯罪がいっさいなく、どの家にも鍵《かぎ》はないことをはじめ、冠婚葬祭など数々の奇習の話をきくうちに、夜が更《ふ》けていった。

その夜は暑いのと、若干の興奮とで、よく眠れなかった。うつらうつらしながら寝返っていると、「キイーィ」という細く物悲しい音がしきりにする。ヤモリの鳴き声であった。

あとがき

乗りものでは鉄道がいちばん好きであるけれど、路線のキメの細やかさではバスに敵《かな》わない。鉄道では行けない山村や漁村へ通じている。

ローカル鉄道の終着駅で引返すとき、その先へと発車して行くバスを指をくわえて眺《なが》めた。川を遡《さかのぼ》る列車の車窓から支流の合流点を見送るとき、バスであの谷へ分け入りたいなと思った。

そんな願望を月刊誌『旅』がかなえてくれた。ここに収めた二三篇は、一九八七年一月号から二年間にわたって同誌に連載されたものである。

バス路線の選択にあたっては、「ローカルバスの終点へ」という前提のもとに、つぎのような基準を設けた。

一、乗車時間は一時間以上。
二、行先が有名観光地でないこと。
三、行楽や登山シーズンのみ運転の路線は除く。
四、私にとって未知の路線・終点であること。

二と三は地元の客のみが日常的に利用する平凡な田舎バスに乗りたいという気持である。だから、とくに見るべきもののない路線や終点ばかりとなり、写真担当の郷司正巳さんは苦労されたようだ。しかし私は「何もないところには何もない良さがある」と居直って初志を通した。郷司さんには申しわけないと思っている。

編集部の秋田守さん、竹内正浩さん、新妻香織さんにはバスの時刻、当該地域の資料や情報収集など、大いにお世話になった。

ただし、民宿の予約などは編集部の世話にならずに自分で電話をかけた。高名な雑誌『旅』の取材者であるということで特別のサービスを受けたりしては、旅がつまらぬものになってしまうし、読者に誤った情報を提供することになる。これは原則で、いくつかの例外はあった。それについては各章で記した。もっとも、ローカルバスの終点のような僻地《へきち》では、『旅』の威光が及んでおらず、取り越し苦労に終った感があった。

連載中、読者から「このバスに乗れ」との便りをたくさん頂いた。しかし、なぜか一時間に満たぬ路線がほとんどで、吹屋以外はご要望にこたえられなかった。

『旅』での連載は北海道のつぎは三重県というふうにあちこちしたが、本書では地域別に配列した。そのため旅行年月が前後しているので、参考までに『旅』での掲載順を記すと、

川白、大杉、野間池、肘折温泉、鹿老渡、飯尾、九艘泊、濁河温泉、奥、浮島、寺川、北二号、吹屋、祖母ヶ浦、湯ノ岱、程野、田歌、帝林社宅前、大津、沖泊、室谷、川代、

中山

であった。

単行本化に際してはＪＴＢ出版事業局の下嶋敏夫さんのお世話になった。『旅』編集部の前記三氏とともに感謝に堪えない。

（昭和六十三年十一月）

●解説――

〝バス路〟の静けさ

武田砂鉄

今改めて、宮脇俊三作品を読み返してみると、「線路はつづくよどこまでも」と始まる童謡には頷けなくなる。なぜって、いくつもの路線がなくなり、宮脇の旅路を追体験することがどんどん難しくなっているのだから。つまり、線路はもう、どこまでもつづいていないのだ。宮脇自身が、自分の作品がやがて「在りし日の鉄路」の語り部になることをどこまで見込んでいたのか定かではないけれど、その車窓の活写は、月日を重ねるごとに貴重な史実になっていく。

どこまでもつづいているのは鉄路ではなく〝バス路〟かもしれない。このところ、テレビの旅番組で路線バスが注目されることが増えてきた。旅情をかきたてるというよりは、不便な交通手段であるバスをどう楽しむか、どのように乗り継いで目的地にたどり着くかといった、エンタメ番組の要素として活用されている。ここまでたどり着いたものの、次のバスが何時に来るのかわからない、そもそもバス停がやたらと遠いところにあるから歩かなければならない、といった「制約」として楽しんでいる。

鉄路に比べてバス路は、なにかとアバウトである。時刻表通りにやってこなくても、五分や一〇分くらいなら人は黙々と耐える。周辺情報も少ない。二分も遅れれば、ホームや車内で謝罪のアナウンスが繰り返される鉄路とは違う。

バス路は、鉄路よりもどこまでも奥へとつづいていく。数少ない本数のバスに乗り込めば、通学する学生や地元民が入り混じる。やがて閑散とする。鉄道が木の幹だとすれば、バスは無数に広がる枝葉である。宮脇はこの作品に取りかかるまで、終着駅やローカル線の途中駅でバスに乗り継いでいく人たちを、長年にわたって横目で見てきた。冒頭で宮脇が端的に述べるように、鉄道と比べ、「バスは小回りがきく。鉄道の通じない山峡に分け入り、あるいは海を見下ろす断崖《だんがい》の道を曲りくねりながら、わずかな戸数の漁村まで行き、鉄道や幹線バスの及ばない地域への交通を補完している」のだ。宮脇の鉄道紀行が今に至るまで読み継がれているのは、鉄道に関する正確な知識だけではなく、その車窓を活写する筆力にあるのは言わずもがなだが、ローカルバスは、鉄路では味わえない絶景や、静かな情景を目に飛び込ませる。「鉄道よりも一段と鄙《ひな》びていた」風情は、宮脇を虜にした。

自分が編集者をしていた頃、『文藝別冊　宮脇俊三』という特集本を編纂していた縁もあり、この解説を書くことになったのだが、その特集本で様々な書き手に一つの宮脇作品を語ってもらうエッセイコーナーを設け、コラムニストの泉麻人さんに、この『ローカルバスの終点へ』についての執筆をお願いした。自身も『大東京バス案内』『バスで田舎へ行く』などのバス本を著作に持つが、そのエッセイの中で当作品について感服していたのは、宮脇の「車中の人間観察と車窓の風景描写とのバランス」であった。鉄路と違い、培ってきた知識や経験を注ぎ込む余地が少ない。だからこそ、そこにいる人間を観察し、そこから見える風景を丁寧に写し出した。終点付近にひっそりたたずむ旅館で差し出された豪勢な夕食を書き起こしながら、今、ここにいる自分の困惑をどこかに残し続ける。「乗車時間は一時間以上」「私にとって未知の路線・終点であること」などを旅の基準にした宮脇は、すっかり慣れた鉄道旅とは異なるバス旅を漏らさずに書き留める。

宮脇の風景の活写に引き込まれるのは、鉄路もバス路も変わらない。「川の曲流に従って道がカーブするときのみ、フロントグラスの向うに川面《かわも》が現れる。岸辺を氷片が埋め、河中の石が雪の帽子をのせている。」

風がひと吹きすると、地表の雪が舞い上って視界がかすむ。年配の運転手は速度を落とし、体を乗りだして前方を凝視する。この雪煙りのなかから対向車が朧《おぼ》ろに姿を現す」

車窓のスピード感が鉄道とは違う。ゆっくり流れる時間と、自然に立ち向かっていく姿を切り取る。それでいて、「吹雪にめぐり合ってこそ豪雪地帯を旅する甲斐《かい》がある、などと思っていたのだが、これでは雲中旅行とおなじではないか」と愚痴をこぼしてみる。僻地へと突き進むバス旅は、鉄道旅と比べて音がない。静けさの中での旅が続く。

最後に訪れた沖縄県の「奥」では、ヤモリの「キイーィ」という細く物悲しい声が聞こえ、よく眠れなかったと明かす。時には、屋根から落ちる「ザザザ」「ドド、ドーン」という雪の音で、空襲を思い出すこともあった。

宮脇の鉄道旅の魅力は、列車を降りてあちこちに出向くのではなく、そこにいる自分と誰か、そして広がる光景を丁寧に見つめるところにあると感じてきたが、このバス旅では、その光景に対して、時に違和感を覚えていくのも興味深い。味気ない風景や旅館、行き交う人々が、慣れない宮脇を黙々と挑発しているかのようですらある。宿で一人になろうとも、たとえば文豪たちがそうしてきたように、思い悩んでいることを書き連ねるようなことはしない。淡々と過ごす。時刻表のように正確で無駄のない文章に、感情がほんの少しだけ滲み込む。慣れない旅をしたからか、その機会が多い。言葉としてはちょっと矛盾するかもしれないのだが、「いつもと違う感じに注がれる、いつもの感じ」が、宮脇俊三ファンにはたまらない。

（ライター）

＊本書は、宮脇俊三『ローカルバスの終点へ』（新潮文庫、一九九一年八月刊）を底本に新たに文庫にしたものです（単行本はＪＴＢ日本交通公社出版事業局、一九八九年一月刊）。また、一部地名のほか、バス・列車などのダイヤは執筆当時のものです。